利用者指向に基づく経営情報論の再構築

八鍬 幸信 著
Yukinobu YAKUWA

学文社

利用者指向に基づく経営情報論の再構築

まえがき

　1950年代後半から，米国を中心として，企業経営の分野においてコンピュータが利用されるようになってほぼ半世紀が経過しました．この間，さまざまなコンピュータの応用分野が開拓され，その重要性が広く認識されるに及んで，いわゆる「経営情報論」が経営学における一つの分野として1960年代に産声をあげたのです．それ以後，「経営情報論」は，意思決定論，組織論，経営科学，コンピュータ・サイエンス，言語学，心理学など，さまざまな学問分野との交流を経ながら，今日まで着実な歩みを遂げてきました．

　一方，著者自身に関して言えば，コンピュータの世界に足を踏み入れたのは，北海道大学経済学部の3年生のときでありました．当時，ゼミナールにおいて使用していたテキストは，W. A. Watoson, T. Philipson and P. J. Oates の *Numerical Analysis : The Mathematics of Computing*, Edward Arnold Publishers (1969) という，数値解析およびアルゴリズムをコンピュータならぬ手回し計算機を使って学習するというものでありました．経済学部の学生としてはコンピュータを勉強するということ自体，非常に珍しかった時代，さらにかなり異様なコンピュータの世界への入り方をしたものであったと考えます．それ以降，紆余曲折はありましたが，最終的には経営情報システム研究を生業とするようになり，今日にいたっています．

　本書は，著者のほぼ40年にわたる経営情報システム研究への関わりを総括し，最近における情報技術の発展動向を見据えながら，向後における経営情報システム研究の視点と研究課題の体系化を試みようとして執筆されたものです．本書は，これまでの研究成果を整理し，向後の発展に向けての課題領域を明らかにしようとしたものです．具体的には，利用者指向に基づく経営情報論の再構築の骨格を提示しようとしたものであります．

　上述のように，コンピュータに代表される情報技術が企業経営に活用される

ようになって半世紀あまりが経過しました。この間，MIS，DSSおよびSISなどの各時代を代表する情報技術利用モデル概念が生成され，経営情報論の重要な構成要素となってきました。しかし，情報技術利用モデルが現実の企業において，有効に導入されている例は必ずしも多くはないと思います。その原因として，情報システムがもっぱら情報技術や経営戦略の専門家の視点から設計・導入され，情報技術の実際の利用者である経営者やユーザ部門の視点は，あまり考慮されてこなかったことがあげられます。この点を克服することについての一つの方向性を示そうとしたのが本書です．

本書は，7章から構成されています。

第1章では，本書の目的と分析視点を明らかにしています。

第2章では，まず，伝統的な経営情報論のバックボーンとなったSimonの意思決定理論を批判的に検討しました。次に，MISおよびDSSの構成や基本機能を整理しています。その結果，これらの情報技術利用モデルが内包する二重の意味での専門性，すなわち，情報技術自体の専門性とモデルの専門性が，経営者やユーザ部門にとって望ましい成果を上げる企業情報システムの実現を困難にしていることを明らかにしようとしました。したがって，①組織全体における利用者視点の共有，②利用者視点が貫徹された情報システムの利用環境の整備，③従業員の経営情報教育の3点が検討課題であると指摘されています。

第3章においては，第1に，MIS，DSSおよびSISなどの情報技術利用モデルは，MISの時代から一貫して，情報技術の戦略的活用が指向されてきたことを明らかにしようとしました。つまり，情報技術の企業経営における活用には，常に戦略性の追求があり，MISやDSSなどの情報技術利用モデルは，現在でも戦略追求にとって重要なツールになり得ることを明らかにしています。

第2に，Minztberg，Porter，Rockert，Davenport等の所論を検討することによって，SISが注目を集めた理論的背景を整理しています。特に，利用者視点の重視を指向する本書の立場からすれば，パーソナルコンピュータ，

グラフィカル・ユーザ・コンピューティング，表計算ソフト，第4世代言語などのエンドユーザ指向技術の進歩が，エンドユーザコンピューティング（EUC）の普及をもたらしたことを指摘しています．

第3に，SISの成功事例とされるアメリカン航空のコンピューター予約システム（CRS）とアメリカン・ホスピタル・サプライ社のオーダーエントリ・システムを検討し，2つの事例が長い開発と運用の中で進化したものであって，経営戦略の専門家の選択に基づくものではないことが解明されています。

第4に，Wiseman, Porter, Bakos and Treacyらの当時の代表的な論者のSIS論の要点を検討し，彼らによるSIS論が「経営戦略の専門家」の立場からの立論であり，利用者や情報技術の専門家の視点が欠如しているところに限界があると指摘しています．

その上で，役割期待マトリクス概念を提示し，(1)経営戦略の立案の中心となる利用者が情報要求や情報システム要求を情報システムの専門家に的確に伝えること，および(2)情報システム戦略の立案の中心となる情報システム専門家が，情報技術利用について経営戦略的なアドバイスをすることが，経営戦略と情報システム戦略の重要な成功要因であることを明らかにしようとしました。

第5に，利用者視点から経営情報論の再構築を指向する際には，経営戦略，情報技術，ビジネス・プロセスの3つの相互連関に基づく「一般理論」の構築が重要であることを指摘しております。

第4章では，「一般理論」の構築に取り組むに際しての，基本的な視点を情報リテラシ論の立場から設定するため，①EUC，②情報品質保証，③利用者教育の3つの重要性について言及しました．

第4章では，まず，EUCの一般論を検討した後，Meyer and Boone, Emery, Mintzbergらの所論を引用し，情報技術の戦略的活用に向けたEUCにおける創発的アプローチの重要性を指摘しています．次に，実現された戦略を，経営戦略の専門家による計画的戦略とEUCによる創発的戦略との総合として捉えることの重要性を述べています。その際，(1)利用者視点からはEUCによ

る創発的戦略を指向するアプローチが重要である，(2)情報システムの運用と活用を効果的に行いうる組織設計には，VRIOフレームワークが有用である，(3)経営成果に影響を及ぼす①外部情報認知，②決定構造の有効性，③内部知識流通，④組織焦点，⑤継続的革新の5つの要因が，EUCを組織化する際の着眼点として有効であることを指摘しています．

　第5章では，最近頓に注目を集めている「情報品質」概念が取り上げられています．具体的には，(1)情報品質が企業情報システムを構築する際に，MIS，DSSおよびSISといった情報技術利用モデルが有効なツールとして活用されているかどうかを判定する基準情報となりうる，(2)情報品質には，データを扱う手続きやルールが大きな影響を与える，(3)ビジネス・プロセス設計と情報システム設計の適切な相互関係の実現には，情報品質概念が重要であることが明らかにされています．

　第6章では，従来の企業内情報教育は経営と情報の二分法を前提に，両者の協働や融合を目指して構成されてきた点を主張しようとしました．今後は，このような二分法によらない企業内情報教育が必要であることを指摘いたしました．具体的には，情報技術とビジネス・プロセスが適合した活用方法を，利用者自らが構想できるような能力を育成すべきであると指摘しました．

　第7章では，以上の分析より次の5点が結論として析出されています．(1)MIS，DSSおよびSISは，今日でも有効な情報技術利用モデルである，(2)利用者の視点に立った情報技術利用モデルの再構築が必要である，(3)経営者やユーザ部門が自立的に情報技術を利用できる環境を整備する創発的エンドユーザ・コンピューティングが不可欠である，(4)情報品質は，創発的エンドユーザ・コンピューティングの成果を客観的に評価する有力な方法である，(5)企業内経営情報教育においては，ビジネス・プロセスと情報技術の関連の重要性を学習させることが重要であることなどが主張されています．

　本書を通じて，これら5点が，利用者指向に基づく経営情報論の，今後における再構築の骨格であるという点を明らかにしようとしました．

まえがき　v

　本書は，北海道大学への博士（経営学）の学位申請論文をもとに執筆されました．本書を上梓するに当たって，実にさまざまな方々のご指導ならびにご協力をいただきました．

　まず，昭和50年に北海道大学経済学部に赴任されて以来，今日まで，実に30年以上にわたり，著者の指導教官として，研究テーマの設定，分析視点の設定，具体的な研究方法について懇切な指導をいただき，また，このたびの学位論文作成について第一に肩を押していただき，副査も努めていただいた関口恭毅北海道大学大学院名誉教授に対して深甚なる感謝の意を表するものです．

　また，著者の学位審査に当たり主査として非常に暖かく，かつまた手厳しくご指導をいただいた小島廣光北海道大学大学院経済学研究科教授，および副査として的確な示唆を広範にいただいた岩田　智同研究科教授に対しても，心より謝意を表するものであります．

　さらには，著者が昭和55年に前任校である専修大学経営学部に赴任したとき以来，今日まで公私にわたりご指導・ご鞭撻をいただき，またこのたびの学位審査の副査を務めていただいた，日本情報経営学会（旧オフィスオートメーション学会）前会長・遠山　曉中央大学商学部教授に対しても衷心より感謝を申し上げる次第であります．また，北海道大学学生であった当時から今日まで，社会科学的思考法やコンピュータ・サイエンス分野への門戸を開いていただいた長尾昭哉筑波大学名誉教授，また経営学への門戸を開いていただいた故真野脩北海道大学名誉教授に対しましても伏して感謝を申し上げる次第であります．また，長尾昭哉名誉教授の同門として，私に知的活力と適切なアドバイスを賜った遠藤　薫小樽商科大学教授，村田　潔明治大学経営学部教授に対しても感謝を申し上げます．

　さらに，本書出版の貴重な機会をご提供いただき，筆者の生来の怠け癖を黙認いただき，的確なご助言と暖かい督励をいただいた，学文社の田中千津子代表取締役ならびに編集部スタッフの方々に心より謝意を表する次第です．

　最後に，身近にいて，日々の経営教育実践の中で知的な刺激をさまざまに与

えていただいた札幌大学経営学部の同僚の方々に対しても感謝の意を表する次第であります．なお，本書は，「平成20年度札幌大学学術図書出版助成」を受けて出版されたものですが，支援をいただいた札幌大学に対しても感謝を申し上げる次第です．

　本書に対して，今後における経営情報論の発展にとって何がしかの貢献をなしうることを願い，多方面の方がたのご教示・ご批判を乞うものです．

2009年2月

八鍬　幸信

目　次

第1章　はじめに……………………………………………………1
- 1.1　利用者視点の重要性……………………………………1
- 1.2　利用者視点からの経営情報論再構築の必要性………6
- 1.3　本書の構成……………………………………………11

第2章　経営情報システムの利用者視点からの再検討………13
- 2.1　はじめに………………………………………………13
- 2.2　経営情報システム研究の基礎理論としての意思決定理論………14
- 2.3　情報技術利用モデルとしてのMIS……………………20
- 2.4　MISブーム……………………………………………23
- 2.5　意思決定支援システム概念…………………………24
- 2.6　経営情報システム概念の進化………………………33
- 2.7　経営情報システムに対する利用者視点からの批判的検討………40
- 2.8　利用者指向の情報技術利用モデル…………………48

第3章　戦略的情報システムの利用者視点からの再検討………52
- 3.1　はじめに………………………………………………52
- 3.2　戦略的情報システムへの関心の高まりの背景……53
- 3.3　戦略的情報システムの概念と事例…………………69
- 3.4　利用者視点の戦略的利用の論理……………………73
- 3.5　ポジショニング学派的視点の克服…………………79
- 3.6　戦略的情報技術利用の一般理論構築への手掛かり………85

第4章　経営情報論再構築に向けての課題領域……………………88
4.1　利用者指向への視点の転換の必要性……………………88
4.2　情報活用能力と情報リテラシ……………………………91
4.3　経営情報論再構築の3つの課題…………………………96

第5章　創発的方法としてのEUC………………………………102
5.1　はじめに……………………………………………………102
5.2　EUCの定義………………………………………………103
5.3　EUCの背景………………………………………………107
5.4　エンドユーザ・コンピューティングの利点と具体的な内容……111
5.5　情報技術の戦略的利用とビジネス・プロセス論………113

第6章　利用者視点からの情報品質研究の必要性……………126
6.1　はじめに……………………………………………………126
6.2　情報品質概念………………………………………………127
6.3　情報品質への関心の高まりの背景………………………129
6.4　情報品質研究へのアプローチ……………………………132
6.5　データ・情報・知識と情報品質問題……………………138
6.6　情報品質評価の概念スキーム……………………………141
6.7　情報品質とビジネス・プロセス…………………………143
6.8　経営情報論における情報品質研究の位置づけ…………146
6.9　情報品質とシステム設計・開発アプローチ……………148
6.10　情報品質向上のための情報資源管理……………………153
6.11　要　約………………………………………………………157

第7章　利用者視点の企業内経営情報教育の方向 ……………… 159
　7．1　はじめに ………………………………………………………… 159
　7．2　利用者に求められる情報技術利用能力の到達点 ……………… 160
　7．3　従来の利用者向け企業内経営情報教育の視点 ………………… 161
　7．4　今後の企業内経営情報教育の視点 ……………………………… 164
　7．5　トライアングル・モデルの含意 ………………………………… 170

第8章　結　論 ……………………………………………………… 172
　8．1　分析結果の要約 …………………………………………………… 172
　8．2　今後の課題 ………………………………………………………… 175

参考文献 …………………………………………………………………… 177
索　　引 …………………………………………………………………… 183

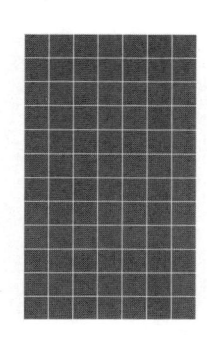

第1章
はじめに

1.1 利用者視点の重要性

　情報技術（information technology : IT）[1]は，不断に進歩する．その速度はきわめて速い．しかし，企業経営の分野において情報技術を利用する目的や理想は，情報技術の進歩の段階にかかわりなく，最終的には企業の成長に直接的にも間接的にも貢献することを求めるという点で不変なのではないかと考える．1950年代に入って企業経営の分野で情報技術が利用されるようになって今日まで半世紀余りの時間が経過した．この間，情報技術はさまざまな使われ方がなされてきた．図1.1はPearlson（2001）によって整理された，この間の企業経営の分野における情報技術利用の鳥瞰図である．この図からだけでも，この間，焦点をさまざまに変えながら情報技術が多様な使われ方がなされてきたということが理解できる．情報技術のこのような多様な使われ方の中にも，たとえば「経営情報システム（management information systems : MIS）」，「意思決定支援システム（decision support systems : DSS）」，あるいは「戦略的情報システム（strategic information systems : SIS）」などといった，ある一定の時代を特

---

[1] 最近，インターネットに代表されるネットワークの普及にともなって「情報技術」の代わりに「情報通信技術（Information Communication Technology : ICT）」という用語も頻繁に使われるようになってきているが，本書では，特に断りのない限り，後者をも含む意味で「情報技術」を使うこととする。

	世代Ⅰ 1960s	世代Ⅱ 1970s	世代Ⅲ 1980s	世代Ⅳ 2000s
ITの主要な役割	効率性 既存の紙ベースのプロセスを自動化する	有効性 個人と集団の有効性を増大する	戦略性 産業・組織の変革	価値創造 協働によるパートナーシップ
IT投資の評価基準	ROI	生産性と集団の有効性を増大する	競争のポジショニング	付加価値
システムのターゲット	組織	個人 マネジャー集団	ビジネス・プロセス	顧客 供給業者 エコ・システム
情報モデル	知識ドリブン	ビジネス・ドリブン	データ・ドリブン	特定アプリケーション
支配技術	メインフレーム "集中型インテリジェンス"	マイクロコンピュータ "分散型インテリジェンス"	クライアント・サーバ "分立型インテリジェンス"	インターネット "ユビキタス・インテリジェンス"

出所：K. E. Pearlson (2002), p. 72.

図1.1　企業における情報技術利用の変遷

徴づける企業情報システムの概念が生まれてきた．ちなみに，これらの概念は，上のPearlsonが提示した鳥瞰図との関連でいえばそれぞれ順に世代Ⅰから世代Ⅲに対応すると考えられる．

ところで，いま上で取り上げたさまざまな企業情報システムの概念は，情報技術や情報システムの企業経営の現場における膨大な試みに対する，ある特徴を捉えた「情報技術利用モデル」と考えることができる．情報技術利用モデルであるという点について，われわれは2つのことに注意を払う必要がある．そして，図1.1の最左列は，この情報技術利用モデルの特性を表すと考えることができる．

第1の注意点とは，経営情報システム，意思決定支援システムあるいは戦略的情報システムというのは「実体」ではないということである．存在する，あるいは存在していたのは，成功したシステムも失敗したシステムも含めて

「XX会社情報システム」である．それら数多くの情報システムに対する見方あるいは視点を提供しているのが，それらの企業情報システムについての概念である．もちろん，情報技術利用モデルは他にも，たとえば，エグゼクティブ情報システム（executive information systems：EIS），オフィスオートメーション（office automation：OA），知識情報システム（knowledge information systems：KIS）など数多くある．

　第2の注意点とは，第1の注意点からの系として導き出されるのであるが，上のさまざまな企業情報システム概念は，ある時代に固有のものということではなく，いつの時代にも普遍的に通用する情報技術利用の視点あるいは着眼点である．つまり，これらの概念を発展段階論的に捉えることは間違いであるということである．インターネットが普及するはるか以前に登場したこれらの企業情報システム概念は，それが普及段階に入った今日においても依然として有用である．現にこれらの企業情報システム概念は，インターネットのようなオープン・コンピュータ・ネットワークが一般化した今日においての方がより現実味を帯びるようになってきている．以上のように，経営情報システム，意思決定支援システムあるいは戦略的情報システムなどといった企業情報システム概念は，情報技術や知識の時代的制約を受けた，その時代に支配的な「情報技術利用モデル」ではあるが，時代を越えて通用するモデルなのである．この見方を概念的に示すと図1．2のように表現することができるであろう．この図は，ある情報技術利用モデルがある時代に登場すると（図中，濃い太線で表す），それはその時代が過ぎると消えてしまうという性質のものではなく，その後も一つの情報技術利用モデルとして生き続ける（淡い太線で表す）ということを表現している．同図下方の楕円形の集まりは，その結果として，現実の企業経営の場においては，それらの情報技術利用モデルの特性を持つさまざまな企業情報システムが混在していることを表している．

　情報技術利用モデルの意味をこのように理解したとして，次に問われるべき課題は，その成功の条件とはどのようなものであるのかということである．こ

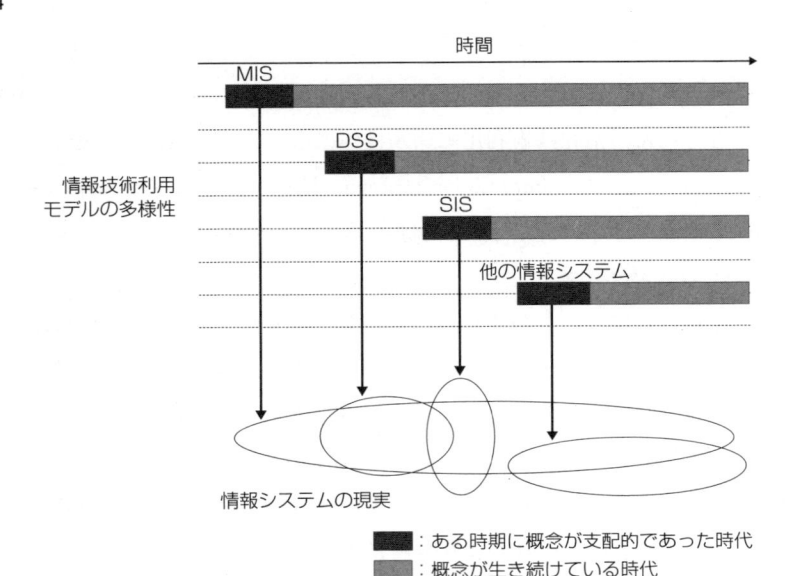

図1.2　情報技術利用モデルの位置づけ

の点について，著者は，情報システムの設計・開発・運用の全過程における利用者の参加こそが最終的には重要であると考える．なぜならば，単純に企業経営あるいは意思決定の主体は組織構成員そのものであるし，その構成員が情報システムの利用主体であるはずであるからである．情報システムの成果を高めていく上で利用者視点あるいは利用者の関与の重要性を主張するものとしては，たとえばGoodhue and Thompson (1995) の研究をあげることができる．

　Goodhue and Thompson は，まず情報技術と利用者パフォーマンスの関係を対象とした過去のさまざまな研究を精査し，それらを2つのカテゴリに分類した．すなわち，図1.3の最上段に示されているように，一つは「利用焦点（utilization focus）」モデルとよばれるものであり，単純に情報技術の特性に対する信念や強制をともなう利用に成果の根拠を置くものである．この範疇の研究として，Goodhue and Thompson は，Cheney et al. (1986)，Davis (1989) などの研究例をあげている．他の一つは同図の中段に示されているよ

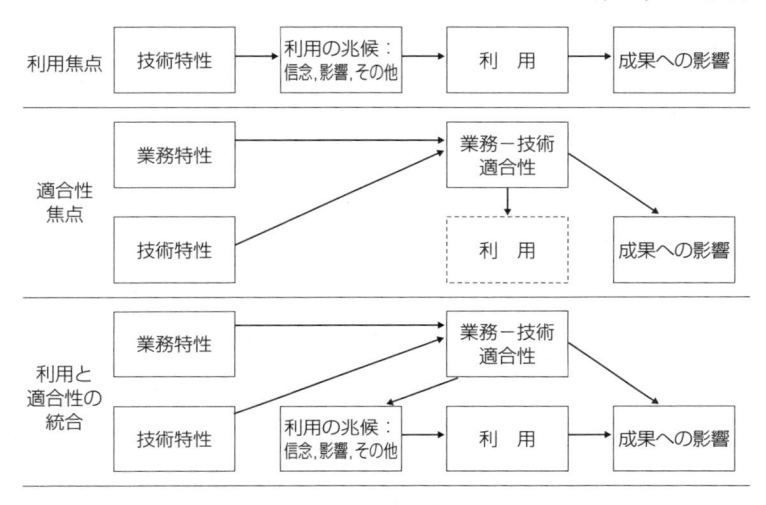

出所：D. L. Goodhue and R. L. Thompson (1995), p. 215.
図1.3 技術－成果連関に関する3つのモデル

うに「適合性焦点（fit focus）」モデルとよばれるものである．これは業務特性と情報技術特性の適合の度合いに成果の根拠を置こうとするものである．Goodhue and Thompson は，この範疇の研究として Benbasat, Dexter and Todd (1986), Dickson, DiSanctis and McBride (1986) などの研究例をあげている．Goodhue and Thompson は，これら2つのモデルを統合する形で同図下段に示されているような「利用と適合性の統合（combining utilization and fit）」モデルとよばれる説明モデルを構築している．このモデルは，業務特性（task characteristics）と情報技術特性（technology characteristics）の適合度が情報技術の利用から期待できる結果についての信念（beliefs）に影響を及ぼし，その信念が情報技術の利用を促進して組織構成員の仕事の成果を高めることにつながるという点を説明しようとするものである．Goodhue and Thompson は，この説明モデルの有効性を実証的に検証しようとしている．この見通しを発展させる形でその実証実験のために用意したフレームワークが図1.4である．実際には，このフレームワークに掲げられている変数がすべて検証されて

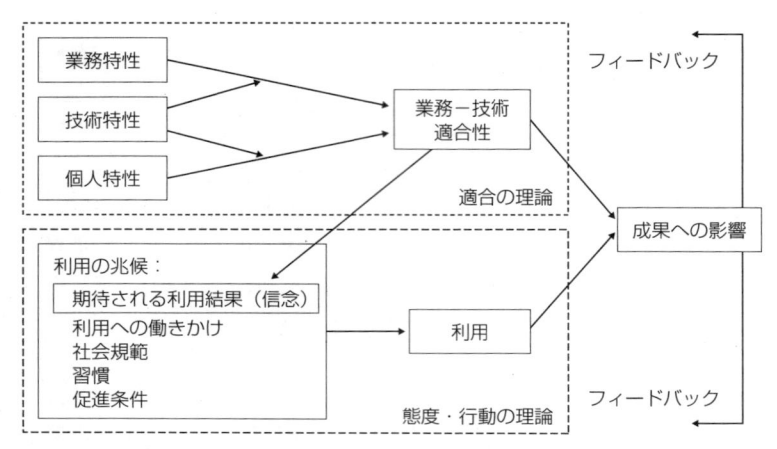

出所：D. L. Goodhue and R.L. Thompson (1995), p. 217.
図1.4　技術－成果連関実証モデル

いるわけではないが，より単純化を図った上で，ビジネス上の業務を理解する利用者が情報システムの設計・開発に積極的に関与するとき，出来上ったシステムが業務ニーズに適合する可能性が高くなるという点を実証的に示している．

1.2　利用者視点からの経営情報論再構築の必要性

このように Goodhue and Thompson の実証的な研究にも示されているような，利用者の情報システム利用過程全体への参加の重要性が理解できたとしても，それを実現するにはさまざまな困難に直面する．それら困難のよって来る根元的な原因は，デジタル技術とプログラム内蔵方式に基礎を置くコンピュータの設計思想に由来すると考えられる．その専門性が，情報産業や雇用機会を新たに創出することにつながる一方で，利用者はその専門的知識の消化に困難をきたすといった状況が現出する．ここに，「経営」の立場と「情報技術」の立場との間に相克が生まれてくる．企業情報システムに関する，これまで蓄積がなされてきたさまざまな研究成果を実現あるいは実施していこうという段階

になると，意識するとしないにかかわらず，この相克がいろいろな形で頭をもたげてくるといってもおおよそ間違いはないと思われる．

　たとえば，「利用者の視点」と「情報システム専門家の視点」は，情報システムに対する，しばしばお互いに対峙する関心枠とみなされてきた．また，「利用者部門」と「情報システム部門」は，システム開発の主導権や予算配分，人材の確保，システム資源の管理権あるいは人材教育などを巡ってしばしば利害が対立してきた．これらの相克は，換言すれば「経営」と「情報技術」の相克に帰着するものと考えられる．誤解を恐れずにいうならば，研究の分野においても，また実務の分野においても，この相克の存在を暗黙のうちに了解事項として想定し，それらがなかなか解消されないままに今日にいたっているのではないかと考えられる．したがって，「経営」的な経営情報システム研究あるいは経営情報論が存在しえたし，あるいはまた「情報技術」的な経営情報システムあるいは経営情報論が存在しえた．したがって，このような相克を解消しないままに，経営者あるいは利用者に対して「情報技術」教育が行われ，情報システム専門家に対して「経営」教育が，さまざまな工夫を凝らしながら行われてきた．

　また，IT人材の教育という問題に関しては，全体的には情報システム部門あるいは情報技術の専門家養成のプログラムについて，実務の分野においても，研究の分野においても，さまざまな研究が積み重ねられてきた．

　1970年代の後半からの高度成長期には情報技術専門家の不足に対する懸念から「ソフトウェア危機」が喧伝された．このソフトウェア危機に対する対策として，いわゆる「文科系」の学生あるいは卒業生のIT人材化が模索された．この場合の教育の方向性は，基本的には，情報技術の専門家の視点から文科系の人間に対して専門的知識を身につけさせるというものであった．すなわち，本質的には，文科系の学生・卒業生あるいは将来，利用者になりうる人々を情報技術の専門家の側に取り込むための教育が行われていた．もちろん，そうした教育を自然に受け入れることができ，専門的かつ高度な情報技術に関するス

キルを身につけることができる人々も存在する．このような情報技術教育の方向はある程度これからも必要と考えられる．

しかし，いまここで問題としたいのは，利用者，あるいは，将来，利用者となるかもしれない人々を，情報技術の専門家の側に取り込むための教育ではなくて，利用者が利用者として情報技術を利用していく，あるいはその利用を企業において主導していくにあたって，必要な知識やスキルの涵養を図るという意図の下になされる情報技術教育のあり方である．

この問題は，現実には，いろいろな様相をともなって表れてきた．それらの中でもとりわけユーザ部門と情報システム部門の間の調整問題，人材育成問題，およびユーザ企業群と情報産業のマッチング問題は，重要な具体的課題としていろいろな形で議論が行われてきた．

企業におけるユーザ部門と情報システム部門間の調整という問題に関しては，企業は，たとえば情報システム開発の主導権，予算配分権限，意思決定権限，人事権，システム資源の管理権あるいは教育権などの調整や組織設計に苦心をしてきた．

また，人材育成問題に関しては，望ましい情報技術者像と望ましいユーザ像を巡って相克が繰り返されてきた．

さらにユーザ企業群と情報産業におけるそれぞれニーズとシーズのミスマッチを取り除くことを目的としたさまざまな制度設計が国や地方自治体，業界団体あるいはさまざまな経済指導機関において試みられてきた．

これらの課題に対して，著者は，本書で最終的には利用者あるいは経営の立場から解決を図っていく道を模索したいと考えている．換言すれば，企業における最高経営管理者が，それらの問題を利用者の視点から解決していくように，影響力を行使していくことができ，しかも利用者もその方向を目指していくことに貢献できるような，経営情報論の再構築を図りたいと考えている．

それでは，利用者視点から情報技術を企業成長のために活用していくことの重要性を認めたとして，企業の最高経営管理者はどのようにその努力を方向づ

けていけばよいのか．Emery (1987, p. 16, 同訳書, p. 43) は，この場合の最高経営管理者の対応方法を4つのパターンに類型化して紹介している．それらを引用すると次のようになる．

「1．情報技術は組織にとっても管理者にとっても重要ではなく，したがって管理者の注目にはほとんど値しない．

2．情報技術は日常のルーティン的な仕事に対して応用され効果的な仕事をするものであるから，組織にとって重要なものである．しかし，それは上級管理者にはほとんど関係はない．

3．情報技術は組織にとっても管理者にとっても重要なものであるが，しかしその神秘的な詳細を理解することは管理者の能力を越えたものである．

4．情報技術はすでに現在，管理者がその本質を詳細に理解し，その利用に自ら関与しようという努力をするに十分値する基本的な戦略的資産であり，あるいは将来はそうなりうるものである．」

情報技術に対する管理者のこれら4つの対応は，図1．5に示すように，「情報技術に対する関心度」および「情報技術に対する理解度」を次元とする2次元座標上に位置づけることができる．

この座標は，最高経営管理者の情報技術に対する関心度と理解度の程度に応じて，彼あるいは彼女らの情報技術に対するリーダーシップの発揮において4つの処方がありうることを暗示している．これら4つの態度のうち，まず「無視の態度」をとる最高経営管理者は今日の状況下においては，中小零細企業には数多くいると思われる．

また，情報技術の重要性や必要性は認識しつつも，第2の「非関与の態度」をとる最高経営管理者，およびその重要性や必要性を十分に感じていてもその理解をあきらめている最高経営管理者に対しては，情報技術に対する理解を深めるための手段を提供していく方法を考えなければならない．情報技術の持つ可能性を正しく認識できている第4の最高経営管理者のグループに対しては，

情報技術に対する関心度

	低	高
高	2．非関与の態度	4．関与の態度
低	1．無視の態度	3．諦観の態度

情報技術に対する理解度

出所：J. C. Emery (1987), p. 16, 同訳書, p. 43より作成.
図1．5　情報技術に対する管理者の態度パターン

さらに強力なリーダーシップをとっていくことが期待される．
　その場合に対象としたい問題状況は先のマトリックスでいえばセル2の「非関与の態度」とセル3の「諦観の態度」をとっている経営最高管理者ということになる．企業における情報技術の積極的な活用を図っていくためには，これらの領域に属する企業の情報技術活用力を高めていくことが重要である．
　情報技術は今後，ますます急速に発展を遂げていくことが予想される．それに応じて企業経営の姿も大きく変貌を遂げていくであろうことが予想される．こうした見通しを前提として，情報技術が企業経営の文脈の中で十分な成果を収めうるためには，経営と技術の適合性に関する利用者の確固たる信念が基礎とならなければならない．そうした信念の長期的醸成のためには，情報技術に関する，専門家の側からの解釈ではなく，利用者の側からの解釈に基づく意図を，実現する経営情報システムの構築とそれを方向づける経営情報論の再構築が必要と考える．すなわち，利用者の視点からこの四半世紀を越える経営情報システムに関する研究の知見をいま一度整理しておくことが大切と考える．
　本書の目的は，1960年代以降に登場してきた情報技術利用モデルである経営情報システム，意思決定支援システムおよび戦略的情報システムに焦点を当て

て，それらの意義と問題点を利用者の視点から抽出し，その上で今後における利用者視点からの情報技術活用の方向性について提案を行おうとするところにある．利用者の視点から経営的視点と情報技術視点との融合を図っていくための経営情報論の再構築を図るための方向性を見出すというのが本書の狙いである．

1.3 本書の構成

この目的を達成するために，まず第2章において1960年代から1970年代の情報技術利用モデルである経営情報システムと意思決定支援システムについて検討を加え，その意義と限界とについて検討を試みる．

第3章では，1980年代に入って登場した情報技術利用モデルである戦略的情報システムを取り上げ，それに対して検討を加える．ここでも前章と同じくその意義と限界について検討を重ねる．

第4章では，第2章および第3章での，これまでの経営情報論における問題点の指摘を踏まえて，その再構築に向けての3つの課題領域に言及する。第5章から第7章までは，これらの領域について詳述する。

第5章では，情報システムの戦略的利用が企業における情報技術利用の一つの重要な領域であるとの立場から，利用者視点からの情報技術利用の一つの戦略としてのエンドユーザ・コンピューティングの意義について考察を加える．

第6章では，利用者が情報システムを利用する場合，情報技術や情報システムの性能評価ではなく，情報自体の品質評価問題が重要になってくるのであり，利用者指向に基づく経営情報論の再構築を図っていく場合には，その問題を扱うフレームワークを用意する必要がある点を指摘する。

第7章では，今後の企業における利用者視点からの経営情報教育の視点についての提案を行う．

そして，最後の第8章では，それまでの総括の上に今後における研究の方向

性ならびに課題について提案を行う．

　これら各章の議論を通じて最終的に明らかにした点は以下のとおりである．

　第1は，経営情報システム，意思決定支援システム，戦略的情報システムなどのさまざまな情報技術利用モデルは，その時代時代の情報技術的制約や経営理論における焦点を反映したものであるが，その意図は今日においても依然として有効であるという点である．

　第2は，それらの情報技術利用モデルは，最終的には，情報システムの戦略的利用という視点から関係づけを図っていくべきであるという点である．ただし，この場合，1980年代に注目を浴びた戦略的情報システムがその理想というわけではない．それは一つの候補に過ぎない．それをも含む新たな情報技術の戦略的利用の視点が用意されなければならない．

　そこで，第3には，情報システムの戦略的な利用を図っていくためには利用者の視点を基軸に据えなければならないという点である．この視点から，戦略的情報システムはもちろんのこと，他のさまざまな情報技術利用モデルを検討し，それぞれの意義ならびに限界を検討する中から，それらを真の戦略的利用に向けて活かしていく方向を模索しなければならない．

　最後に第4は，利用者視点からの情報システムの戦略的利用を図っていくための実践論としては，いわゆるエンドユーザ・コンピューティングを，創発的方法として，企業組織の中に風土として根づかせていく必要があるという点である．

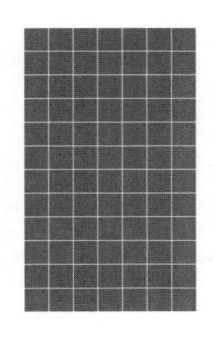

第2章
経営情報システムの利用者視点からの再検討

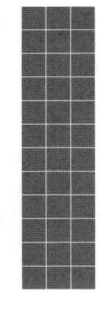

2.1 はじめに

　企業における情報技術の利用は，1950年代の EDPS (electronic data processing systems) から始まった．企業における情報システム構築の動きは，給与計算，売上管理，在庫管理など，どちらかといえば定型的な業務処理，すなわち現代ではトランザクション処理から始まった．トランザクション処理の経験がさまざまに蓄積されていく中で，最初の情報技術利用モデルともいえる「経営情報システム (management information systems : MIS)」概念が次第に醸成されていくところとなる．

　経営情報システム概念の登場は，情報技術の利用が日々の企業経営の過程において情報処理機能というものが本質的過程であることを認識させる契機となった点で大切な出来事であったといえよう．この概念の登場は，経営理論と情報システム論とが密接な関係にあることを明らかにした．

　具体的には，企業活動の中に情報管理が重要な経営職能として位置づけられ，またその職能を担う人材の育成が企業にとっての非常に重要な課題となっていった．このような企業経営の分野における動きに連動する形で，当然のことながら大学を中心とする教育機関においても経営情報教育や情報技術教育の重要性が認識されていくところとなる．

　当時の経営情報システム概念は，当然のことながらその時代における情報技

術のある制約の中で醸成されてきたものであるから，概念的にも機能的にも限界を有していたことは確かである．しかし，その限界性を今日的観点から正しく認識しておくことは，情報技術が当時に比べて格段に進歩した今日において，その真の活用方法を考える上で非常に重要なことであると考える．

本章では，このような観点から，われわれが1960年代に初めての情報技術利用モデルとして獲得した経営情報システム概念について，その意義と限界とを利用者視点から評価を試みておきたい．すなわち，情報技術利用モデルとしての経営情報システムに関して，利用者視点から見た場合の限界を評価し，また，このモデルが利用者の視点から将来に継承していった資産についても考察を進めておきたいと考える．

2.2　経営情報システム研究の基礎理論としての意思決定理論

情報システムの構築においては，その利用者ならびに構築主体について一定の行動モデルを想定しなければならない．現代管理論の祖といわれるSimonによって体系化が図られた意思決定理論は，組織構成員の情報行動を説明するための理論的枠組みを提供している．Simon (1957a, 1977) の意思決定理論は，企業における情報システムの役割およびその設計・開発・運用に関して非常に重要な洞察を数多く提供している．その洞察とは，大きくは次の3点に集約されると思われる．

まず，第1に，Simonの意思決定理論は，情報システムの利用者あるいは利用者像について一つの有力な概念モデルを提供している．第2に，Simonの意思決定理論は企業経営における情報システムの役割という点について一つの方向性を指し示している．第3に，Simonの意思決定理論は，情報システムを実際に構築していくに際しての一つの技術的な道具立てを数多く提示している．

以下，これら3点について，経営情報システムの理論的基礎としての

Simonの意思決定理論が持つ意義について考察を進めておくこととしたい.

2.2.1 限られた合理性しか持ちえない利用者

　企業における情報システムの利用にとってSimonの意思決定理論が持つ第1の意義は，その利用者ならびに情報システムの設計者について，情報論的解釈を与えているという点に求めることができる.

　人間が行う経済的活動，政治的活動あるいは社会的活動などありとあらゆる活動は，問題解決（problem solving）活動と見なすことができる．Simon (1977) によれば，この問題解決の過程は，図2.1に示すように大まかには「情報活動（intelligence activities）」，「設計活動（design activities）」，「選択活動（choice activities）」の3つの順次的な過程からなりたっている.

　第1段階：情報活動

　情報活動というのは，問題解決者が到達したい目標と現実との間の乖離を認識して，それを取り除くために解決を図らなければならない問題を探索する過程をさす.

　第2段階：設計活動

　設計活動というのは，第1段階で確認された目標と現実のギャップを埋めるための代替案を探索する過程をさす.

　第3段階：選択活動

　選択活動というのは，上の段階で探索された代替案の中から目標と現実との間の乖離を埋めるために適切と思われる代替案を選択する過程である.

　意思決定というのは，この人間の問題解決過程において，問題解決に必要な複数の代替案を探索し，それらの中から適切な代替案を選択することをさす．この意味で意思決定は選択とほぼ同義である.

　Simonは意思決定の性格を記述するにあたって，「限られた合理性（bounded rationality）」とよばれる非常に重要な概念を導入する．合理性とは，一般的には人間の認知能力のことをさす．換言すれば，計算能力といってもよい.

```
┌─────────────┐
│  情報活動   │
└──────┬──────┘
       ↓
┌─────────────┐
│  設計活動   │
└──────┬──────┘
       ↓
┌─────────────┐
│  選択活動   │
└─────────────┘
```

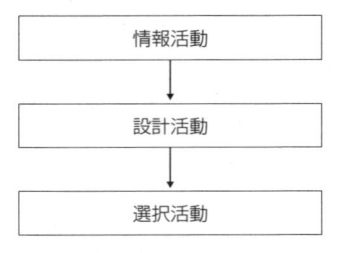

出所： H. A. Simon (1977)，同訳書より作成．

図2.1　意思決定プロセス

何を認知するのかというと次の3つである．第1は，問題解決につながると想定される代替的選択肢であり，第2は，それぞれの代替的選択肢を選んだ場合に生じる結果であり，そして第3は，それらの結果を順序づける基準である．

現実の人間においては，この認知能力には明らかに限界があるのであり，このことを前提とした人間行動理論が構築されなければならないという主張が，Simon 理論の重要な主題となっている．このような立場から，Simon は，それまでの古典派経済学において想定する，完全な合理性を備えた「経済人モデル（economic man）」に対して，限られた合理性を前提とした「経営人モデル（administrative man）」こそが，意思決定理論の基礎に据えられなければならないと主張する．換言すれば，完全な情報処理能力を有した経済人モデルではなく，限られた情報処理能力しか有し得ない経営人モデルを前提にした人間行動モデルを樹立することが，Simon の意思決定理論の目標ということになる．

現実の人間は限られた合理性しか持ち得ないのであるが，生存にまったく支障をきたしているわけではなく，何とか目標達成に向けて活動している．Simon の意思決定理論の目的は，限られた合理性しか持ち得ないでいる人間を構成員とする実際の組織が，個々の組織構成員をどのように統制しながら，その目標達成に向けて機能しているかを解明しようとするところに置かれている．Simon は「……人間の合理性に限界というものがないとすれば，管理理論は何も生み出さなかったであろう.」(Simon, 1957a, p. 240, 同訳書, p. 371；

Simon, 1957b, p. 199, 同訳書, p. 371) と述べている．Simon は，管理理論の課題をこのように理解した上で，その具体的な展開を図っていくことになる．

2.2.2 意思決定と情報システムの役割

　Simon の意思決定理論における第 2 の意義は，それが情報システムが企業経営において果たす役割やその可能性を指し示しているという点に求めることができる．

　Simon の限られた合理性概念に着目すると，われわれは企業における情報システムの役割について明確な認識を持つことができる．すなわち，管理され，管理する組織的文脈において，情報システムはこの限られた合理性の境界を拡大する役割を担っているということに気がつく．

　Simon によれば，企業活動の文脈において組織構成員が直面する意思決定問題は，概念的には 2 つの対極に位置するカテゴリに分類されるという．これら 2 つとは，「プログラム化しうる意思決定問題（programmable decision-making problem）」と「プログラム化しえない意思決定問題（non-programmable decision-making problem）」である．これらは，それぞれ「構造的意思決定問題（structured decision-making problem）」，「非構造的意思決定問題（unstructured decision-making problem）」とよばれることもある．

　これらのうち，まずプログラム化しうる意思決定問題とは，意思決定者が達成したいと考える目的を達成するための代替案がすべて列挙可能であり，それらの中から最も適切な代替案を選択するための基準と手順が明確になっているような問題をさす．一方，プログラム化しえない意思決定問題とは，意思決定者が達成したいと考える目標あるいは目的を明確に定義することが困難であり，かつその目標を達成するための代替案あるいは手段も明確ではなく，かつ選択基準や解決手順がまったく曖昧であるような問題，あるいはそれらのいずれかであるような問題をさしている．

　意思決定問題は，それがプログラム化しうる程度に応じてその解決方法が変

わってくる．一般に，意思決定問題の解決方法には，「最適化原理（principle of optimization）」に基づく方法と「満足化原理（principle of satisfiing）」に基づく方法がある．最適化原理に基づく意思決定問題の解決とは，達成したいと考える目的が明確に定義でき，さらにそれを達成するためのすべての代替案が列挙できるという条件の下で，その目的をこれ以上はよい方法はないという形で実現できるような解決方法のことをさす．これに対して，満足化原理に基づく意思決定問題の解決とは，達成したいと考える目的が十分明確に定義できず，またそれを実現すると思われる代替案も十分に列挙し尽くすことはできないという状況のなかで，最低限満足したいという水準を事前に決めておき，代替案の探索の過程でその水準を達成するものが表れたらそこで手を打つ，すなわち探索活動を止めるという方法である．

　最適化原理に基づいて定式化されるプログラム化しうる意思決定問題は，その定義から情報システムによる解決が可能である．一方，満足化原理に基づいてしか定式化し得ない，プログラム化しえない意思決定問題に対しては，それをできるだけ良構造問題に近づけていくという意味での情報システムの役割が期待されることになる．情報システムが企業経営において果たす役割を，意思決定理論的視点から明確にしているという点に，Simonの貢献を見出すことができる．

2.2.3　意思決定とアルゴリズム

　企業における情報システムの活用に対して持つ，Simonの意思決定理論における第3の意義は，それが経営行動，あるいはより広く人間行動についての，操作性に富むモデルを表現するためのさまざまな手法を開発しているという点に見出すことができる．

　古典派経済学における企業行動理論や消費者行動理論，あるいは経営科学の分野におけるさまざまな数理的モデルは，記号的であるがゆえに検証可能性あるいは再現性が担保されている．すなわち，経済人モデルに基づくさまざまな

人間行動モデルは解析学的方法によって形式的表現がなされる．しかし，経済人モデルではなく，経営人モデルに基づく現実の人間はきわめて複雑な行動を示す．したがって，経営人モデルに基づく人間行動を表現するためには，経済人モデルの表現に使われた解析的方法や数理科学的方法は使うことができない．より複雑な現実の人間を記述するためには，従来の方法とは異なるが，操作性に富み，検証可能性を保証するあらたな方法を見出さなければならない．

このような要請から，Simonが採った方法は，いわゆるコンピュータ・プログラムで人間行動を表現するというものである．コンピュータ・プログラムを使えば，どのように複雑な人間行動でも表現が可能である．また，その形式性ゆえに，曖昧性を残すことなく，検証可能性を保証する形で記述が可能である．さらには，単なる記述方法が見つかったというのみならず，そのコンピュータ・プログラムを実行することによって，人間行動あるいは人間の思考過程についてのさまざまなシミュレーション実験ができるようになる．

Simonのこのような新たな人間行動研究の方法論は，非常に有意義な副産物を数多く生み出した．それらについて簡単に触れておくと次のようになる．

まず，Simonのコンピュータ・プログラミング言語による人間行動研究は，思考に関わる心理学，言語学あるいはコンピュータ・サイエンスなど諸科学と同期するところとなる．具体的には，Simonの初期の研究は，後の人工知能（artificial intelligence : AI）やパターン認識（pattern recognition）に関する研究分野を開拓する，先駆け的な役割を果たしていくこととなる．Simon自身，チェスのコンピュータ・プログラムをいくつか作成しながら，人間における盤面，あるいは手の記憶方法，手の記憶からの検索方法などについてのいろいろな仮説を検証することを通して，重要な心理学的テーマについての研究も試みている．

Simonの人間行動研究の方法論は，もう一つの非常に重要な，経済学と経営学の境界領域における「新しい企業行動の理論」とよばれる，あらたな企業行動研究の流れを形作っていくところとなる．すなわち，古典力学をモデルと

する解析学的な古典派経済学における企業行動理論で開発されたさまざまな分析概念を取り込みつつ，企業における現実の複雑な管理過程あるいは意思決定過程を，操作的かつ論理実証主義的に研究していくという方向である．具体的には，March and Simon (1958)，Bonini (1963) などの研究をあげることができる．

　以上のような，さまざまな研究領域ならびに方法論の全体として，いわゆる意思決定科学が体系化されていくことになる．

　企業における情報システムの利用において Simon の意思決定理論が持つ意義は，それが情報システムの利用者についての，一つの概念的な基礎を提供しているという点に求めることができる．この Simon の意思決定理論の貢献によって，経営情報システム研究が経営学における一つの重要な研究領域としての地位を獲得することができるようになったといえる．このような貢献を当然のことながら認めるとしても，しかし一方で，後述のように，実は，企業における情報システムの利用において一定の制約を課すという側面も表れてくるところとなる．

2.3　情報技術利用モデルとしての MIS

　周知のように，1950年代からいわゆる企業経営のためにコンピュータが本格的に使われ始めた．給与計算や売上管理などの定型業務処理を中心にさまざまな使い方がなされたが，これらの利用経験の中から，自然に，いわゆる経営情報システムとよばれる概念が生まれてきた．当時のコンピュータは，今日のそれに比べるとハードウェアの価格性能比およびソフトウェアの技術の両面において，はるかに劣っていたことはもちろんである．しかし，当時，コンピュータに対しては，企業経営を根本的に革新することになるかもしれないということで非常に大きな期待が抱かれた．

　経営情報システムという概念の定義については諸説あるところであり，あま

ねく認知された確固とした定義は存在しない．そのよって来る原因については後述のとおりであるが，まずはその定義について見ておくこととしたい．

1960年代における MIS 研究者の代表の一人と目される Gallagher は，MIS の役割について，「有効な情報システムの最終的な目標は，経営のあらゆる階層に対して，それらに影響を与える事業に関するすべての動きを完全に知らせることである」(Gallagher, 1961, p. 17) と述べている．

周知のように，Anthony (1965) は，企業におけるさまざまな活動を階層構造的に見る見方を提示している．Anthony によれば，図2．2に示されているように，経営活動は基本的には「戦略的計画 (strategic planning)」，「マネジメント・コントロール (management control)」および「オペレーショナル・コントロール (operational control)」とよばれる3つの活動階層に分類できるという．経営管理システムは Anthony にあってはこのような階層構造として理解されている．

各管理階層の意味するところは次のとおりである．まず，戦略的計画は，「組織の目的，これらの目的の変更，これらの目的のために用いられる諸資源，およびこれらの資源の取得・使用・処分に際して準拠すべき方針を決定するプロセス」(Anthony, 1965, p. 16, 同訳書, p. 21) と定義されている．この戦略的計画に対しては，トップ・マネジメント (社長，副社長，重役など) がその責任を負う．次に，マネジメント・コントロールは，「マネジャーが，組織の目的の達成のために資源を効果的かつ効率的に取得し，使用することを確保するプロセス」(Anhony, 1965, p. 17, 同訳書, p. 22) と定義されている．このマネジメント・コントロールは，ミドル・マネジメント (部長，課長など) がその責任を負う．そして，最後にオペレーショナル・コントロールは，「特定の課業が，効果的かつ能率的に遂行されることを確保するプロセス」(Anthony, 1965, p. 18, 同訳書, p. 23) と定義されている．オペレーショナル・コントロールは，ロワー・マネジメントがその責任を負う．それぞれの管理階層において遂行される業務として，これもよく知られているが，Anthony は，表2．

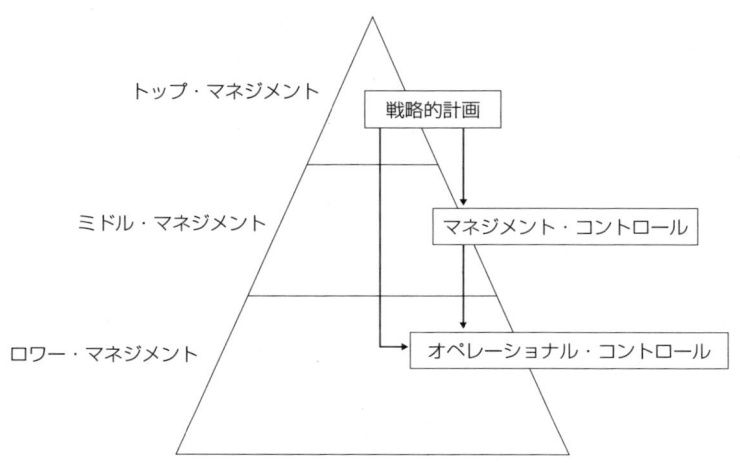

```
              戦略的計画
トップ・マネジメント  ↓
              マネジメント・コントロール
ミドル・マネジメント  ↓
              オペレーショナル・コントロール
ロワー・マネジメント
```

出所：R. N. Anthony (1965), 同訳書より作成.

図2.2　経営管理階層の概念

1に示されているような例を掲げている.

　Gallagherに代表される，当時の，代表的なMISに対する理解は，上述のような，管理階層のすべての人々に，意思決定に必要な情報の提供を行っていく情報システムである，というものであった.

　Gallagherが考えるMISの基本的な特徴は，次の点に見出すことができる.

　1950年代に入って，日々の定型的業務処理の過程で発生する膨大なデータをコンピュータで効率的に処理をするという，データ処理（data processing）が普及していった．このような，コンピュータ・ベースの情報処理システムは，EDPS（electronic data processing systems）とよばれていた．EDPSは，当初は，純粋に，企業における業務処理の効率化の手段と理解されていた．しかし，1960年代に入ると，このEDPSを経営意思決定に必要な情報を提供するための手段として利用しようという動きが出てくる．合わせて，このEDPSを進化させて，コンピュータによって意思決定自体を効率化するための手段として利用しようという動きが出てくるのである．もちろん，このような方向性に対

表2.1 企業における事業活動の例

戦略的計画	マネジメント・コントロール	オペレーショナル・コントロール
会社目的の選択	予算の編成	
組織計画	スタッフ人事の計画	雇用のコントロール
人事方針の設定	人事手続きの制定	各方針の実施
財務方針の設定	運転資本計画	信用拡張のコントロール
マーケティング方針の決定	広告計画の作成	広告配分のコントロール
研究方針の設定	研究計画の決定	
新製品品種の選択	製品改善の選択	
新工場の取得	工場配置替えの決定	生産スケジュールの作成
臨時資本支出の設定	経営的資本支出の決定	
	オペレーショナル・コントロールに対する決定規則の作成	在庫管理
	経営実績の測定，評価および改善	作業工具の能率の測定評価および改善

出所：R. N. Anthony(1965)，p. 19，同訳書，p. 24.

する理論的根拠を与えるのが，上で触れたSiomonに代表される意思決定理論であったことはいうまでもない．1960年代における，Gallagherに代表される，素朴なMISの概念とは，このようなものであった．

2.4 MISブーム

　Gallagherが上述の定義を提出した1960年代初頭，わが国はPCS（パンチカード・システム；punched card systems）の段階を脱却し，ようやく産業分野へのコンピュータの導入を模索し始めたばかりであった．したがって，MISについてはごく一部の専門家だけがその概念を知っていたに過ぎなかった．わが国で経営情報システムの概念が広く産業界で認識ないしは理解されるようになったのは，日本生産性本部が1967年にアメリカに「MIS視察団」を派遣し，

同国におけるその実態についての見聞をもとに報告書(『アメリカのMIS』)を提出したのを契機としてであった．その報告書の中で，わが国においてもMIS導入の必要性が叫ばれているのであるが，そこに盛られている「民間に対する提言内容」のうち，本書に関係する部分を紹介すると次のようになる(日本生産性本部, 1968, pp. 6-11)．

- トップ・マネジメントはコンピュータが資本自由化に対応する企業の国際競争力強化の有力な用具であるということを理解し，MISの確立に自ら積極的に取り組むとともに，これに伴う企業組織の変革に前向きの姿勢で対処すべきである．
- 企業のMISは，それぞれの業種・規模などに対応した固有のものであり，これを開発するにあたっては長期的・総合的計画のもとに，まず，日常業務の分野から最も効果の上がる個別業務を選んでサブシステムを開発し，順次総合的なMISに発展させていくべきである．
- MISに必要な基礎的資料を迅速かつ的確に収集・蓄積・加工するために，生産・販売・会計などの基幹的業務の簡素化と標準化を促進し，情報環境の整備・改善を図るべきである．
- 企業は経営の各階層に対するコンピュータ教育を計画的・継続的に実施し，トップ・マネジメントが自ら新しい経営管理技法を理解・習得するとともに，次代の後継者の育成を計り，また，コンピュータの専門技術者の養成に努めるべきである．

「MIS視察団」の報告書が世に出て以来，企業の間ではMISに対する関心が大いに高まって，先を争ってその導入を模索するといった状況になったのである．こうした熱狂ぶりをさして，「MISブーム」とよぶ者もいたのである．

2.5 意思決定支援システム概念

Gallagherに代表される，あらゆる経営階層の人々に意思決定に必要な情報

を提供する，という構想は，現実問題として実現は困難であった．経営情報システムといわれるものは，現実には主として定型的業務処理あるいはオペレーショナル・コントロールの領域における構造的意思決定問題を対象としたものにならざるを得なかったのである．

その理由としては，いくつかのことが考えられる．

第1の理由は，組織におけるトップ・マネジメントの情報要求にはコンピュータ・プログラムとして応えることができなかったからである．明らかに企業のトップ・マネジメントが直面することになる意思決定問題というのは，非構造的あるいはプログラム化し得ない問題である．したがって，情報システムは，そのような問題に対しては論理的に，あるいはその定義からそれを一つのコンピュータ・プログラムで表現し，それを使って問題の解を導き出すことは不可能である．

このような矛盾が理想的な経営情報システムを実現できなかった大きな理由であった．この問題の決定的な部分は，そうであるがゆえに経営情報システムの意義を，トップ・マネジメントに具体的にわかりやすく理解させることができなかったという点に求めることができる．

第2の理由は，当時，経営情報システムの設計・開発の考え方として，ボトムアップ的なアプローチが前提となっていた点を指摘することができる．すなわち，一般的には，まず長い間の経験の蓄積で明らかになっている意思決定手続きあるいは業務手続きが明確な，トランザクション処理あるいはオペレーショナル・コントロール領域に属する処理から先にコンピュータ化を図り，その後，逐次，ミドル・マネジメント，トップ・マネジメントを対象とした情報システムに機能を拡大していくといったアプローチが自然と受け入れられていた．しかし，トランザクション処理からロワー・マネジメント，ミドル・マネジメントそしてトップ・マネジメントというように情報提供の対象を逐次的に上げていくことはできなかった．

たとえば，企業における重要な管理機能である生産管理を取り上げてみる．

生産管理において部品構成表を作成・維持し，それをもとに各部品の総所要量および正味所要量を算出するという手続きは非常に大切な機能である．したがって，部品展開の手順はルーティン化されている程度がかなり高いから，まずこの部分から先に生産管理情報システムを構築しようと考えがちである．しかし，ルーティン化の程度が高いトランザクション処理あるいはオペレーショナル・コントロールから着手し，次第に対象とする管理レベルを上げていくという方法は困難に直面する．なぜかというと，たとえば，新設工場の建設場所に関する意思決定問題の解決に必要な情報は，生産現場からいろいろな製品について積み上がってくる生産量や，そのための生産設備の能力データだけではない．むしろ，重要なのは，候補予定地，建設予定地域におけるさまざまな税の優遇措置，工場従業員確保の可能性，将来の製品に対する需要予測など，一般的には企業の外部あるいは市場から入ってくる情報である．

このような理由から，理想的な経営情報システムは実現が困難であった．このような経営情報システムのあり方に対するアンチテーゼとして意思決定支援システム概念が生まれてきたのである．この概念は，経営情報システム概念と同じく，現実のさまざまな企業における情報システムに対する着眼点に過ぎない点に注意しておく必要がある．

意思決定支援システムの概念は，1970年代前半に Gorry and Scott Morton (1971)，Keen and Scott Morton (1978) などによって提唱された．Keen and Scott Morton (1978, p.1) はこの意思決定支援システムが持つべき特性として次の3つを掲げている．

(1) 半構造的領域における意思決定問題に直面している管理者を支援すること
(2) 経営意思決定を代替するのではなく，支援すること
(3) 意思決定の効率性（efficiency）ではなく，その有効性（effectiveness）を改善するように管理者を支援すること

先に触れたように，Simon は意思決定問題を構造的意思決定問題と非構造

的意思決定問題とに分類した．先の経営情報システムはどちらかといえば，構造的意思決定問題の解決に必要な情報提供に終わってしまっていた．これに対して，意思決定支援システムは，非構造的意思決定問題を対象とすることは困難としても，それらの間に位置する半構造的意思決定問題（semi-structured problem）の解決を対象とするというのである．

半構造的問題にはあらかじめ定まった解決のためのアルゴリズムが存在しない．したがって，問題解決の方法は人々の間で異なってくる．さらには，問題定義の仕方自体が人によって異なってくる可能性がある．このことは，ミドル・マネジメントやトップ・マネジメントが直面している意思決定問題に対して，コンピュータ・プログラムでその解決を代替することは本質的に不可能なことを意味する．そうすると，経営情報システムの場合のように，問題解決を組織構成員に代わって代替するというのではなく，最終的な意思決定はあくまでも組織構成員自身に任せ，情報システムが担うのは問題解決に向けての試行錯誤のプロセスを支援することであるというのである．すなわち，意思決定者の発見的な（heuristic）問題解決プロセスを支援するというところに情報システムの役割を求めようとするのである．

情報システムの機能あるいは役割というものを半構造的問題解決に対する支援というところに置くことになると，情報システムの性能評価の基準は，意思決定の効率性（efficiency）よりもその有効性（effectiveness）に置かれなければならないことになる．

意思決定支援システムの基本的な特性については，上述のように Keen and Scott Morton が整理を与えているが，Sprague, Jr. and Carlson (1982) は，その DSS のシステム概念を図2．3のように与えている．同図に示されているように，意思決定支援システムは，基本的には以下のような3つの機能を備えていなければならない．

(1) データベース管理機能

意思決定支援システムにおいては，意思決定者は発見的な問題解決過程にお

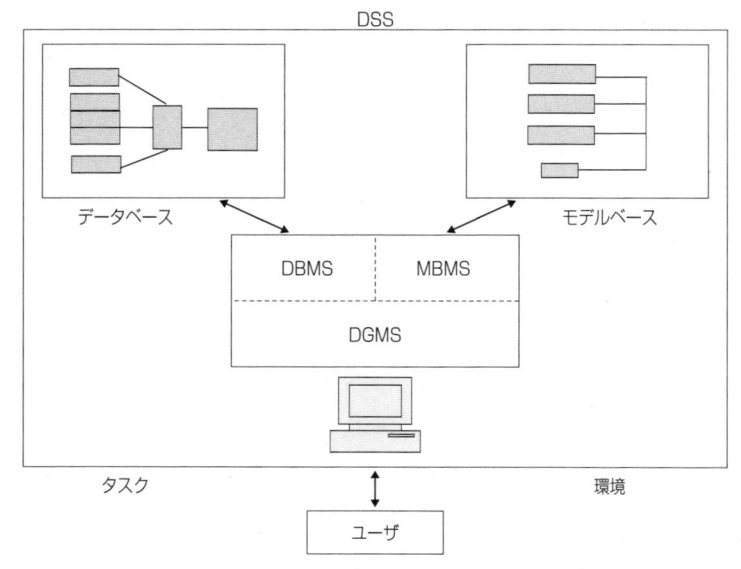

出所：R. H. Sprague, Jr. and E. D. Carlson (1982), p. 29, 同訳書, p. 38.
図2.3　DSS の概念

いてさまざまなデータベースを利用しなければならない．そのためには意思決定支援システムは，利用者にとって使いやすいデータベース管理機能を備えていなければならない．

(2) モデルベース管理機能

意思決定者は，情報活動→設計活動→選択活動という問題解決過程を繰り返し実行していく場合に数学的モデルを使ったさまざまな解析やシミュレーションを試みることがあるかもしれない．その場合，解決すべき問題に対する適切な数学的モデルを作成する過程を支援する機能や，出来上った数学的モデルを利用した分析を行うことができる機能を持っていることが望ましい．

ここで，意思決定支援システムにおける数学的モデルを使った分析としては次のような機能が考えられる．

(a) 最適化手法

半構造的問題の領域に属する問題であっても，それを意思決定科学や経営科学の分野で開発された最適化モデルに抽象化し定式化できる場合もある．そのような場合に備えて意思決定支援システムはいろいろな最適化問題を扱う数学的モデルが使えるようになっていなければならない．

(b) 感度分析

感度分析（sensitivity analysis）は，独立変数の値の変化に対して目標値がどのような変化となって表れるかを調べる機能である．この機能は意思決定支援システムが持つべき重要な機能といえる．

(c) ゴールシーキング機能

これは感度分析とは逆に，意思決定問題における目的関数が定式化できて，その望ましい目標値すなわち満足水準をあらかじめ決めておくことができるような場合，それを満たす独立変数の値の組み合わせを解集合の中から試行錯誤的に求めていく機能，すなわちゴールシーキング分析（goal-seeking analysis）を試みることができるようになっていることが望ましい．

(d) ホワット・イフ分析機能

意思決定者は，意思決定を下すときの仮定や前提条件がさまざまに変化した場合に結果がどのように変わってくるかを知りたいと思う．そのためのホワット・イフ分析（what-if analysis）ができるようになっていなければならない．

(e) 統計分析機能

統計処理は意思決定のための情報処理に欠かせない機能である．当然のことながら意思決定支援システムはこの統計処理を行う機能を備えていなければならない．

(3) 対話生成管理機能

意思決定支援システムは発見的な問題解決プロセスを支援するものである．したがって，それは当然のことながら意思決定者とコンピュータの間のコミュニケーションを支援する機能を持っていなければならない．

半構造的意思決定問題の解決を支援するという意思決定支援システムの概念をより明確にするための例を示しておくこととする.

いま，I_1，I_2，I_3という3品目についてある小売店における特売セールのための販売計画立案という意思決定問題を想定し，この解決を支援するための意思決定支援システムというものを考える.

この小売店の販売担当者は，特売セールのための販売計画の立案に当って損益分岐点分析を使っている．上の3品目についての現在の販売価格，販売量，単位当り変動費，固定費，売上高，単位当り限界利益，および限界利益全体が表2．2(a)のようになっていたとする．現在の限界利益は29,000円になっている．この販売担当者は特売セールを実施することによって限界利益を現在の29,000円よりも最低でも10％アップの31,900円以上にしたいと考えており，そのための代替案を見つけ出そうとしている．この問題に対する一つの解決案は表2．2(b)に示されているようなものである.

固定費に変化がないものと仮定すれば，3品目すべてについて新たに販売価格，販売量，単位当り変動費を設定し直せば，限界利益の増分は損益分岐点分析モデルを使って容易に計算できる．しかし，ここで重要な点は，販売価格，販売量，単位当り変動費の設定は，この販売担当者の経験に基づく判断に委ねられなければならない，という点である．すなわち，この意思決定問題には，たとえば次のような曖昧な部分が含まれる.

(a) 価格の設定は，同じ商圏内に立地する他店の動向を見定めて行わなければならない.
(b) 価格弾力性に関する明確な情報がない．たとえば，米，味噌，醬油といった買いだめのきく商品は比較的価格弾力性が高いといったことは経験的にわかっているが，価格弾力性そのものについての数値情報は入手が困難である.

この簡単な意思決定問題においても，損益分岐点分析モデルという形で数学的に定式化できる部分と，一方で意思決定者の経験に基づく判断に委ねられな

表2.2　DSSの機能を説明するための数値例

(a) 特売セールのための販売計画立案前の初期情報

品目	販売価格 (円)	販売量 (個)	売上高 (円)	単位当り 変動費 (円)	単位当り 限界利益 (円)	限界利益 (円)	固定費 (円)	利益 (円)
I_1	1,000	80	80,000	800	200	16,000	−	−
I_2	800	60	48,000	650	150	9,000	−	−
I_3	500	40	20,000	400	100	4,000	−	−
合計	−	180	148,000	−	−	29,000	20,000	9,000

(b) 特売セールのための販売計画最終案

品目	販売価格 (円)	販売量 (個)	売上高 (円)	単位当り 変動費 (円)	単位当り 限界利益 (円)	限界利益 (円)	固定費 (円)	利益 (円)
I_1	800	20	16,000	700	100	2,000	−	−
I_2	600	10	6,000	500	100	1,000	−	−
I_3	300	20	6,000	300	0	0	−	−
合計	−	50	28,000	−	−	3,000	20,000	12,000

特売セール実施前より10％増という目標を満足

特売セール実施前からの総計

ければならない部分があわせ含まれている．こういう意味で，この問題は半構造的問題である．

さて，こういった半構造的問題の解決を図ろうとする意思決定支援システムの概念図を機能面に着目して示すと，たとえば図2.4のようになるであろう．まず，意思決定支援システムは販売担当者の判断資料となる，たとえば表2.2(a)のような情報，あるいは場合によっては，過去に実施された特売セールに関する情報などを提供する．こういった判断資料に基づいて販売担当者は特売セールのための販売価格，販売量，単位当り変動費を決定し，これらをコンピュータにインプットする．コンピュータはこれらの情報に基づいて損益分岐点分析モデルにしたがって新しい限界利益を計算し，その結果を販売担当者

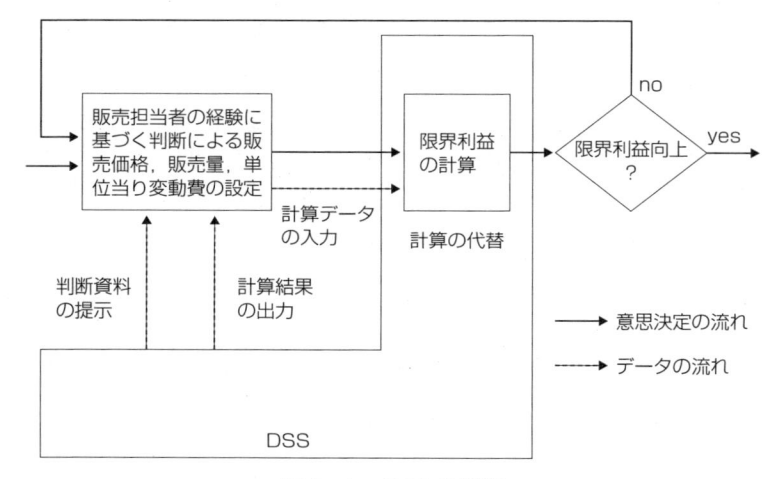

図2.4　DSSの機能

に提示する．販売担当者はこの結果を見て，もし限界利益を現在よりも最低10％アップするという目標が満足されないような案であれば，ふたたび販売価格，販売量，単位当り変動費を決め直す．販売担当者はこのような試行錯誤を繰り返しながら，たとえば表2.2(b)に示されているような特売セールのための販売計画の最終案を得るのである．ここで，表2.2(b)の利益合計額である12,000円は，(a)特売セール前の利益である9,000円に特売セールで上げたすべての商品の限界利益合計額3,000円を足したものである．

　以上に例示したように，意思決定支援システムは，経営情報システムのように意思決定者が直面する問題全体を数学的ないしは形式的モデルとして定式化して，それをコンピュータに実行させることによって意思決定者の問題解決を代替するのではなくて，むしろ，問題解決過程において意思決定者の要請があれば介入していくという情報システムである．

2.6 経営情報システム概念の進化

　初期の経営情報システム概念の限界が見えてきて，また，その限界を乗り越えるべく，新たな情報技術利用モデルである，意思決定支援システム概念が生まれてくる過程で，それらを包摂する，より広義の経営情報システム概念が生まれてきた．この動きは，経営情報システム概念の普遍化といってよいであろう．ここでは，経営情報システム概念に関する，普遍化の2つの証拠を取り上げておくこととする．これら3つの普遍化の証拠とは，Davis (1974)，Neuman and Hadass (1980) の経営情報システム概念の整理である．

2.6.1 Davis の経営情報システム概念

　Davis は，経営情報システムを，「組織におけるさまざまのオペレーション機能，管理機能および意思決定機能を，支援することを目的とした情報を提供するための，統合化されたマン・マシン・システム」(Davis, 1974, p.5) と定義している．先に紹介した，Gallagher の経営情報システムに対する定義とこの定義の間には，明らかな違いがある．その違いとは，Gallagher の時代に強調された情報の提供機能を一部として含む形で，経営情報システム概念の拡張が図られているという点である．まず，Davis は，企業活動全体を，図2.5に示されているように，さまざまな機能サブシステムと管理活動のマトリックスという形で捉えている．

　この概念図には重要な観点が3つ組み込まれている．第1の観点は，Anthony によって提唱された管理階層概念である．第2の観点は，経営機能概念である．そして，第3の観点は，経営情報システムはトランザクション処理システムの上に構築されるという考え方である．

　Davis は，このように経営管理システム全体を階層分類軸と経営機能軸を2軸とするマトリックスと捉えた上で，図2.6に示されるような経営情報シス

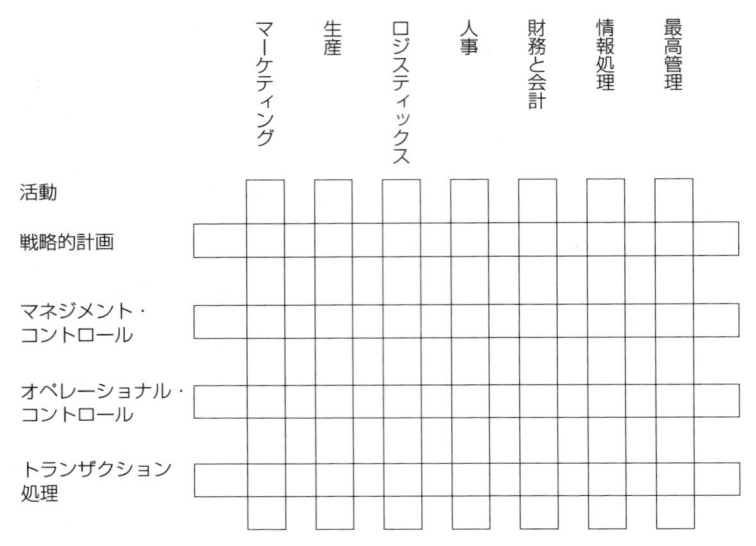

	マーケティング	生産	ロジスティックス	人事	財務と会計	情報処理	最高管理
活動							
戦略的計画							
マネジメント・コントロール							
オペレーショナル・コントロール							
トランザクション処理							

出所：G. B. Davis (1974), p. 215.

図2.5 機能サブシステムと管理活動のマトリックス

テムの全体像を提示している．

　この図は，情報技術利用モデルとしての経営情報システムに対していくつかの具体的な機能を示している．

　第1に，個別の経営機能に対応したサブシステムとしての情報システムが考えられる．マーケティング機能についてはマーケティング情報システムが，生産機能については生産情報システムが，人事機能については人事情報システムというように，経営情報システムにはさまざまなサブシステムが含まれている．

　第2に，ある特定の機能に対応する情報システムは，その機能領域での戦略的計画，マネジメント・コントロール，オペレーショナル・コントロールを担う組織構成員に対して，トランザクション処理から得られたデータをさまざまに加工して提供するためのシステムと考えることができる．

　第3に，それぞれの経営機能を担うサブシステムは独自の情報ファイルを持っているが，各機能間で共通に利用されるデータについてはデータベース化

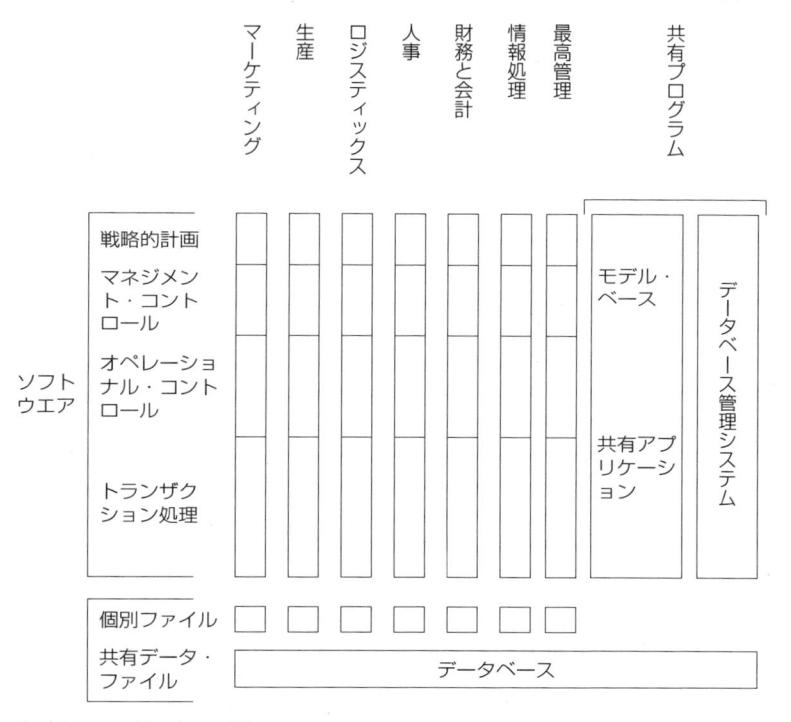

第2章　経営情報システムの利用者視点からの再検討　35

図2.6　経営情報システムの全体像

出所：Davis (1974), p. 221.

を図っておく．第4に，各経営機能で共通に利用するモデルはモデル・ベースとして蓄積しておき，また，共通に利用できるアプリケーション・ソフトウェアもライブラリとして蓄積しておく．結局，最も一般的な経営情報システムの一つの理想像としては，それぞれの機能に対応する情報システムをサブシステムとするそれらの連合体（federation）と捉えることができる（Davis, 1974, p. 219）．

　いかなる意図や目的を持って構築された経営情報システムであっても，本質的に備えていなければならない処理機能があるであろう．一般的には，経営情報システムは，4つの処理機能を持っていなければならない．これら4つとは，

トランザクション処理，ヒストリ・ファイルのメインテナンス，報告書作成および会話処理という4つの処理機能である．以下，経営情報システムのイメージをより具体的に示すためにこれら4つの機能について簡単に触れておくこととする．

(1) トランザクション処理

トランザクション処理とは，日々の経営活動の中で発生する，たとえば顧客からの注文，売上，入・出庫などといった取引（トランザクション）を定期的あるいはリアルタイムで処理することをさす．管理階層のいろいろな人々に提供される要約的な情報は，取引データ（変動データとよばれることもある）がもとになって作られる．

たとえば，小売業者が自店で扱う商品についての売上状況を分析する過程で必要となってくる地区別，担当者別，商品別あるいは売場別売上月報などの要約的な情報は，店舗から日々刻々上がってくる膨大な取引データがもとになって作られる．トランザクション処理は経営情報システムの中心的な処理機能といえる．

(2) ヒストリ・ファイルのメインテナンス

ヒストリ・ファイルのメインテナンスとは，いろいろなマスタ・ファイルの更新処理のことをさしている．たとえば，企業においては，毎年，社員に入社・退社，転勤といった異動がある．

この場合，異動の種類，年月日，氏名，住所，部署などをトランザクション・データ（変動データ）として蓄積しておき，定期的に社員マスタ・ファイルの更新処理を行っておかなければならない．このように，情報の正確性を確保しておくために，各種のマスタ・ファイルの更新はいかなる経営情報システムにおいても基本的な処理機能の一つとなる．

(3) 報告書作成および問合せ機能

組織におけるさまざまのオペレーション機能，管理機能および意思決定機能を支援する情報を提供するための，統合化されたマン・マシン・システムが経

営情報システムであるという定義から，利用者にとって理解しやすい形で適切な情報をタイムリーに提供することが，その中心的な機能とならなければならない．

たとえば，過去数年間の受注実績データについての要求があったとき，報告書の形でそれが出力されるようになっていなければならない．あるいは，顧客から注文を受けたとき，当該商品の在庫があるかどうか，あるいは，ないとすれば納期がいつになるか，などといったことについて即座に答えられるようになっていなければならない．

(4) 会話処理機能

この機能は，利用者がコンピュータと会話を進めながら問題解決をはかっていく過程を支援するというものである．たとえば，工場新設のための代替案が複数あるといったような場合，利用者は何らかの合理的な方法にしたがって一つの案を選択する必要がある．ここでいう合理的な方法とは，経営科学の領域で開発されたいろいろな手法をさすことが多い．経営科学の分野で開発された数理的モデルをモデル・ベースとして経営情報システムに組み込んでおき，必要なときにモデルとデータをそこから引き出して利用する，というのが会話処理機能の目指すところである．

さて，Davis が例示する経営情報システムの概念図は，当時の情報システムが日々の取引記録の処理，すなわち，いわゆるトランザクション処理をベースとしつつも，「モデル・ベース」概念が使われていることからわかるように，明らかに，意思決定支援システムを包摂する形で，経営情報システム概念の拡張が図られている．

2.6.2 Neuman and Hadass の経営情報システム概念

経営情報システム概念の拡張は，Neuman and Hadass (1980) の研究にも見られる．Neuman and Hadass は，組織における情報システムの全体像を，図2.7に示すような形で体系化している．

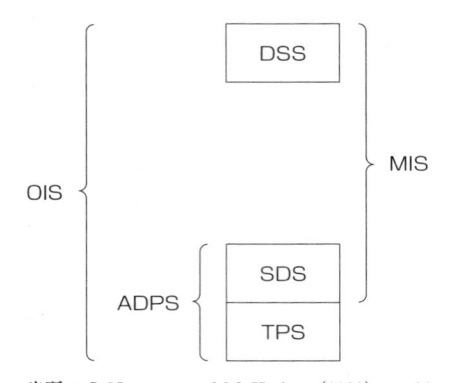

```
         ┌──────── DSS ────────┐
         │                     │
   OIS ──┤          ┌─ SDS ─┐  ├── MIS
         │  ADPS ──┤        │  │
         │          └─ TPS ─┘  │
         └─────────────────────┘
```

出所：S. Neuman and M. Hadass (1980), p. 80.

図2.7　組織における情報システムの概念

　OIS (organizational information systems) は，コンピュータ・ベースの情報システムとコンピュータにはよらない情報システムを合わせた全体を表している．TPS (transactions processing systems) は，たとえば受注処理業務といった通常業務のためのシステムである．これは先の経営情報システムとよばれるものが担っていた機能である．SDS (structured decision systems) は，在庫補充問題のような，構造化がある程度可能な意思決定問題を解決するための情報システムと位置づけられている．Neuman and Hadass は，TPS と SDS を併せて管理データ処理システム（administrative data processing systems：ADPS）とよんでいる．ADPS に対して，DSS は構造化が困難な意思決定問題を処理するための情報システムという位置づけがなされている．そして，この ADPS と DSS を併せた概念として MIS を捉えている．換言すれば，SDS が「狭義の」経営情報システム，そして SDS と DSS を併せた概念が「広義の」経営情報システムということになる．Neuman and Hadass は，SDS すなわち狭義の経営情報システムと DSS すなわち広義の経営情報システムの違いを表2．3のような形で整理を試みている．

　Neuman and Hadass の枠組みにしたがえば，先に紹介した Gallagher (1961)，Davis (1974)，「MIS 視察団」の MIS 概念は，どれも概念としては，

第2章 経営情報システムの利用者視点からの再検討　39

表2.3　SDS概念とDSS概念の比較

主題	DSS	SDS
I　最終ユーザ／意思決定者		
意思決定者の環境（内部および外部）	定常的，単純	動態的，複雑
意思決定者のレベル	オペレーショナル・コントロール	戦略的計画
システム開発の主導権	意思決定者に対し	意思決定者から
意思決定者のシステム開発および利用におけるかかわり	受動的	能動的
意思決定スタイル	先験的	個人的
II　システムによって支援される決定		
構造	構造的	非構造的
時間軸	過去	将来的
利用	ルーティン	一時的，ユニーク
意思決定過程	定義可能，アルゴリズミック，プログラム可能	ヒューリスティック，反復的，説明的，プログラム化が不可能
組織にとっての重要性	局所的，オペレーショナル	戦略的，全組織的
支援される意思決定局面	すべての局面	いくつかの局面
III　情報システム		
データ源	おもに内部	おもに外部
設計前提	構造的	非構造的
データベース	うまく定義可能，狭い，詳細	冗長，広範囲，統合的，要約的
モデルベース	用意されたモデル，量的，一般的なOR，明示的	テイラーメイド，質的，モデル・ビルディング・ブロック，ヒューリスティック，暗示的
システム設計指向	データ中心	意思決定中心
処理の型	バッチ	対話型
システムの成功の目安	稼動効率	柔軟性
利用の頻度	あらかじめ決められる	あらかじめ決められない
IV　情報システム開発者		
組織本体	技術者，サービス部門	プランナ，スタッフ部門
開発担当者の意思決定過程に対するかかわり	かかわらない	かかわる

出所：S. Neuman and M. Hadass (1980), p. 81.

狭義の MIS を越えているといえる.

　DSS は,それまでの経営情報システムすなわち SDS とは異なる意図を最初から持ち,またシステム設計・開発方法もそれと異なるアプローチによって実現しうるものと理解されている.すなわち,DSS は,最初から非構造的な性格の強い意思決定問題の解決の支援に当るものであり,したがって,従来,狭義の経営情報システムがとってきたアプローチ,すなわち,低次の管理レベルから高次の管理レベルへと対象範囲を順次広げていくという方法では作りえないものという理解がなされている.

2.7　経営情報システムに対する利用者視点からの批判的検討

　上で説明したように,経営情報システムは戦略的計画,マネジメント・コントロール,オペレーショナル・コントロールにおける諸意思決定に必要な情報をタイムリーに提供することを目的とした情報システムと位置づけることができる.しかし,1960年代後半から70年代前半にかけて,経営情報システムは経営者や管理者の情報要求を十分に満たす情報システムになっていないのではないか,という疑問がいろいろな研究者や実務家から提起されるようになってきた.「経営情報システム」といわれているものは,実際には,単に定型的なトランザクション処理を行っているに過ぎないシステムも多かった.先に紹介した Davis に典型的に見られるような経営情報システムは一つの「夢」に過ぎないのではないかという疑問がいろいろな形で湧き上がってくるところとなる.本書の問題意識との関連でいえば,利用者視点あるいは経営視点の情報システムになっていないのではないかという疑問である.すなわち,経営情報システムは利用者が必要とする情報を提供していないのではないか,という疑問である.当時湧き上がってきたこのような疑問の持つ意味というものをわれわれなりに理解をしておく必要があると思われる.この点についての一つの整理を試みておきたい.

経営情報システムが情報技術利用モデルとして，当初期待されたほどの成果を上げることができなかったという疑問が寄って立つ理由としてはいろいろなことが考えられるであろう．その理由としては，以下の4点が考えられる．

(1) 意思決定の特性——経営活動における情報利用への理解不足——

経営情報システムが当初期待したほどの成果を達成するにいたらなかった理由の一つとして，意思決定過程における情報の役割についての理解不足という点をあげることができる．このような観点からの経営情報システムに対する代表的な批判としては，たとえば，Ackoff (1967, pp. 147-153) をあげることができる．Ackoff は，経営情報システムの設計者は暗黙の内に5つの間違った仮定に基づいて情報システムの設計・開発を行っているというのである．それら5つの誤った仮定あるいは前提に基づいて設計・開発が進められている情報システムという意味において，Ackoff は「MIS」を"Management Misinformation Systems"と形容し，警鐘を鳴らした．ただし，ここで注意をしておかなければならないことは，Ackoff は一つの情報技術利用モデルとしての経営情報システムそのものを批判しているのではなく，それを構築していく場合にシステム設計者が依拠する暗黙の仮定自体に批判の目を向け，さらなる改善に向けての知見を求めようとしているのである．

ここで，それら5つの誤った仮定がいかなるものであるかを，Ackoff の先の論文にしたがって見ておくこととしたい．

① 第1の仮定：「より多くの情報を与えた方がよい」

一般に，経営情報システムの設計者は，管理者にたくさんの情報を与えるようなシステムにした方が良いと考えがちである．しかし，実際には，管理者は情報が少ないから良い意思決定ができずにいるのではない．むしろ，無用な情報が多すぎて良い意思決定ができずにいる．

したがって，経営情報システムは無用な情報をやみくもに収集・提示するのではなく，むしろたくさんの情報をフィルタにかけるという機能を果たすべきである．

② 第2の仮定：「管理者は自分が欲している情報を必要としている」

経営情報システムの設計者は，「管理者は自分が必要とする情報を知っている」という仮定に基づいて，管理者から情報要求を聞き出そうとする．管理者が自分に必要な情報を答えられるようになるには，彼は自分が関わる意思決定のタイプに気がついており，またタイプそれぞれについての十分なモデルを持っていなければならない．こうした条件が満たされることはめったにない．

したがって，経営情報システムを構築する前に，意思決定についての説明的なモデルを明確にしておくべきである．

③ 第3の仮定：「管理者には彼が必要とする情報を与えれば，彼の意思決定は改善される」

一般に，情報システムの設計者は，管理者に必要な情報をいったん与えさえできれば，あとは管理者はそれを上手に利用できるという前提を暗黙の内に認めてしまっている．必要な情報が与えられても，可能性がたくさん存在しうるために必ずしも適切な解決案を導き出せないということもありうる．

したがって，経営情報システムを構築するときには，管理者はいかにすれば情報を上手に使えるようになるかということを事前に検討しておかなければならない．意思決定過程の複雑さのゆえに情報を上手に利用できないといったような場合には，管理者に対して意思決定ルールを提供したり，試行錯誤による学習が可能となるように成果をフィードバックする仕組みを提供することが必要である．

④ 第4の仮定：「より多くのコミュニケーションがより良い成果につながる」

2つの部門間のコミュニケーションを良くする，すなわち，双方の行動についての情報を頻繁に知らせ合うようにすることが望ましいと暗黙の内に信じられているが，これは必ずしも真実ではない．すなわち，情報を頻繁に提供することが，逆に相手の過敏な行動を誘発し合い，結果的に組織全体の成果を損なうことにつながることもあると，Ackoffは指摘している．

こうしたことは，それぞれの部門の成果測定基準が異なるような場合に起こりうる．したがって，経営情報システムを構築しようとする場合には，まず組織構造およびそれぞれの部門の成果測定基準がどのようになっているかということを考慮に入れておかなければならない．

⑤ 第5の仮定：「管理者は情報システムがどのような仕組みになっているかを理解する必要はなく，ただその使い方を理解していればよい」

一般に，経営情報システムの設計者は，管理者に対して，その情報システムの仕組みについては知る必要はない，ただその使い方を知っていればよいという態度をとりがちである．しかし，こうした態度は管理者の情報システムに対する不安を増長し，そのシステムが結果的に利用されなくなってしまうといったことになりかねない．どんな経営情報システムも，管理者がそれを評価できるようになり，それによってコントロールされるのではなく，コントロールできるようになるまでは導入されるべきではない．

以上が，経営情報システムが必ずしも当初の期待通りの成果を上げていないということに対するAckoffの立論である．第1の仮定から第5の仮定に共通する視点は，いわゆる意思決定過程と情報の関係に関わることであり，これはまさしくSimonの意思決定理論が解明を試みようとした課題でもある．もう少し詳細に言及するならば，Ackoffの指摘は，情報処理過程における人間の認知能力の限界という問題に直接的に言及しているのである．

先に，Simonの意思決定理論が経営情報システムに対して持つ意義の一つとして，人間の持つ認知能力の限界を補う役目を果たすという点にある旨，述べた．その真の意義は，限られた認知能力しか持ち得ない利用者に対して，コンピュータ・システムの情報処理能力を最大限活用して膨大な情報を提供するということではなく，コンピュータ・システムの本来の役割は膨大な情報をむしろ絞り込んで提供するという点に求めることができる．

実は，Simonは人間の問題解決行動あるいは情報処理活動においてもう一つ重要な概念を提示している．それは情報処理過程における「単純化の原理」

とよんでいるものである[1]．単純化の原理とは，現実の人間は行動環境の複雑さをそのまま受容できるほどの完全な計算能力あるいは情報処理能力をもって行動の最適化を図っているのではなく，行動環境の複雑さを人間の現実の計算能力が扱うことができる程度に単純化して行動の満足化を図っているに過ぎないというものである．Simon は，この単純化の原理が経営情報システムの設計・開発に対して持つ意味を次のように述べている．

「こんにち決定的に重要な課題は，情報を創り出したり貯蔵したり流通させたりすることではなく，それを取捨選択することによって，システムの人間的・機械的諸要素に負荷される情報処理の要求が，それらの情報処理能力をはるかに越えてしまわないようにすることなのである．現在の情報システムの大まかな考え方は，それが情報圧縮機の役割を果たさない——換言すれば，送信するよりも多くの情報を受信するよう設計されていない——かぎり，新しい要素を現存のシステムにつけ加えるべきではないというものである．」(Simon, 1977, 同訳書, p. 151)．

Ackoff が指摘している，情報システムの構築に当たって意思決定モデルを明らかにしておくことの重要性というのは，まさしく Simon の単純化の原理という着眼点と同期していると考えることができる．

(2) 意思決定と情報特性——経営における情報の理解不足——

先の Ackoff の批判は，どちらかといえば，意思決定における情報の使い方に対して情報システムの機能がどのように組み込まれているかという観点からのものである．改めて断るまでもなく，経営情報システムにおいては，意思決定者あるいは利用者が利用する情報の内容および特性が重要である．どんなに高速で情報処理ができたとしても，またどんなに大量の情報を蓄積できたにしても情報それ自体の内容と特性が意思決定者の情報要求に合致したものでなかったり，情報の品質が劣っていたりすると適切な意思決定はできない．した

---

[1] Simon の意思決定論における「単純化の原理」が持つ意義の評価については八鍬 (1979) を参照されたい．

情報特性	オペレーショナル・コントロール	マネジメント・コントロール	戦略的計画
情報源	ほとんど内部	→	外部
範囲	明確に定義されるが狭い	→	かなり広い
抽象の度合い	具体的	→	抽象的
時間の広がり	歴史的	→	将来的
現在性	非常に現在的	→	まったく過去
正確性の必要度	高い	→	低い
使用頻度	きわめて頻繁	→	稀

出所：G. A. Gorry and M. S. Scott Morton(1971), p. 57.

図2.8　情報要求の多様性

がって，経営情報システムが理想通りの成果を達成し得なかった理由を考えるにあたっては，情報の内容および特性といった側面についても目を向けておかなければならないであろう．先に経営情報システムの典型的な概念図としてDavisのそれを紹介したが，情報システムの構成や性能のみならず，情報の内容および特性それ自体も非常に重要である．Gorry and Scott Morton (1971)の研究は，この問題に対する注意の喚起とそれを扱う一つの方法を提示しているという点で注目に値する．

Gorry and Scott Mortonは，図2.8に示されているように，Anthonyの経営管理階層の概念への関連づけを図りながら情報の特質を考えるための，いくつかの特性を例示している．

- 情報源（source）：情報が組織のどこで発生するか
- 範囲（scope）：情報がどの程度構造化されうるか
- 集計の度合い（level of aggregation）：情報がどの程度の集計レベルにあ

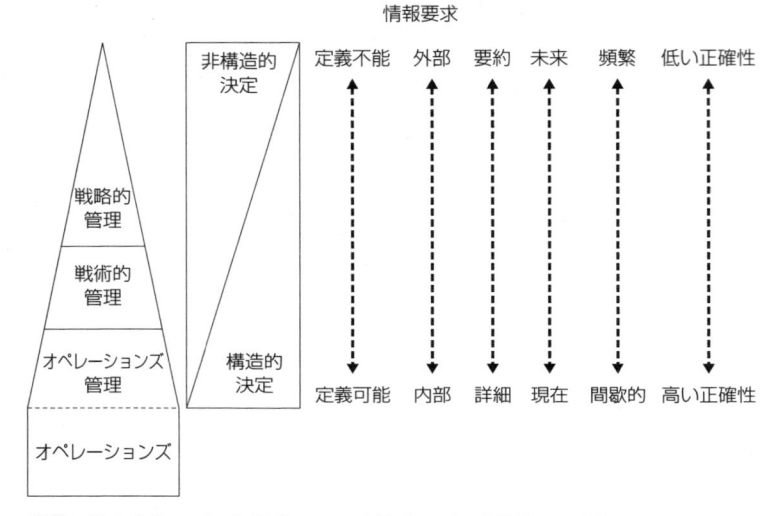

出所：U. J. Gelinas, Jr., S. G. Sutton and Fedorowicz (2004), p. 146.

図2.9　管理階層別意思決定問題の情報特性

るか
- 時間の広がり（time horizon）：情報がどの時点に関わるものであるか
- 現在性（currency）：情報がどのくらい即時的なものであるか
- 正確性の要求度（required accuracy）：情報としての正確性がどの程度要求されるか
- 使用頻度（frequency of use）：情報が参照される頻度はどれくらいか

　さらに，Gelinas et al. (2004) は，Anthony の経営管理階層概念，Simon の意思決定概念および Gorry and Scott Morton (1971) の情報要求概念を統合する形で，組織における情報要求の多様性に注意を喚起する図2.9のような概念図を提示している．情報活用モデルの一つとしての経営情報システムの設計・開発では，このような情報要求の多様性が十分に考慮されなかった．

(3)　情報システム設計アプローチの不適切さ——情報技術の専門性——

　経営情報システムが当初期待されたほどの成果を上げえなかったことの第3

の理由として，情報システムの設計・開発アプローチが適切ではなかった点を指摘することができるであろう．

経営情報システムの設計・開発は，いわゆるボトムアップ方式によって構築されていったが，この方法は経営管理階層で行われる意思決定と情報の特質という点で必ずしも適切な方法ではなかった．

当時，経営情報システムの設計・開発を行っていく場合，一般的には経営管理システムにおける最下層のトランザクション処理のコンピュータ化あるいはデータベース化からまず着手し，次第により上層の管理階層の情報化へと対象を広げていくという意味でのボトムアップ的なシステム設計・開発アプローチが採用された．

つまり，まずはマーケティング，生産，ロジスティックス，人事あるいは財務会計などの個別機能分野において，長期間にわたる経験の蓄積によって組織内部で明示的あるいは定型的手順としてよく理解されている，仕事の処理手順ないしは意思決定手続きにまず焦点を当てながら，トランザクション処理あるいはオペレーショナル・コントロールを対象とした情報システムを構築する，その後で，マネジメント・コントロールから戦略的計画レベルを対象とする，といったようにして，機能ならびに規模の拡大をはかっていくという方法が一般的には採用されていたのである．

第1章の冒頭で紹介をしたPearlson(2002)の情報システムの歴史についての整理の中における「ITの主要な役割」にも示されているように，当時の経営情報システムの主要な視点は業務の効率化にあった．したがって，情報処理システムとしての主要な機能はいわゆる定型的業務にあった．これによって，人間ではとても処理が不可能な膨大なデータが生み出されていくことになる．当然のことながら，それらの膨大なデータを集約する，あるいは抽象化していくという形で，経営管理の各階層にいる構成員に対して，意思決定に役立つような形で情報を提供することができないであろうかと，考えるのは自然の成り行きであった．

しかし，このようなトランザクション・データからの積み上げという，単純なボトムアップ式の情報システム設計・開発のアプローチでは，上でも見たように経営管理各層の情報要求の質は異なるわけであるから，早晩行き詰まることは明らかであった．

この点に関連して，Simon は当時の経営情報システムの開発方法に関して非常に興味深い見解を述べている．すなわち，Simon は当時の経営情報システムの設計・開発のあり方について，「経営情報システムを設計する初期の努力は，意思決定すべき内容から出発するよりも利用可能なデータから出発したのである」(Simon, 1977, 同訳書, pp. 182-183) と同趣旨の指摘を行っている．

(4) 依拠したモデルの専門性——情報処理モデルの専門性——

上述のように，Simon は，トランザクション処理から得られる膨大な量の情報を整理するためのモデルの必要性を指摘しているのであるが，一方でこの依拠すべきモデルの過度の抽象性が経営情報システムを非現実的なものとする大きな要因の一つとなった．すなわち，当時の経営情報システムは，情報要求ではなく，情報処理要求を中心に，換言すれば，よく知られた経営科学あるいは意思決定科学の分野で開発された既知のモデルに，現実の問題を単純化する形で設計・開発がなされていった．現実問題に対する過度の抽象化が経営情報システムの使い勝手を悪くした．すなわち，情報システムとしては効率的であるが，経営情報システムとしては有効性に欠けているといったことがしばしば起こった．

以上の4点が，当時の経営情報システムが利用者にとっての使い勝手の悪さの大きな要因となっていた．

2.8 利用者指向の情報技術利用モデル

前にも触れたように，経営情報システム概念は，企業における情報技術利用のための本格的モデルとしての意味を持っていた．しかし，その情報技術利用

モデルの問題点は，いわゆる情報技術の専門家の視点から情報利用のモデルを構築し，そのコンピュータ・プログラムを設計・開発するというアプローチに依存していたという点に見出すことができる．

このアプローチにおいては，情報システムの専門家や意思決定科学の専門家が，現実に使われている，あるいは流通している情報の中から，自分たちがすでに持っている情報処理モデルのインプットとアウトプットになるような項目を探し出してきて情報システムを構築するというようなことが行われていた．そこでは，情報システム専門家がこれから依拠しようとしているモデルに必要な，あるいは合致するようなデータがむしろかき集められるという事態もしばしば見られた．

あるいは，企業で実際に遂行されている業務があまりにも複雑であり，容易に単純化ができないような場合には，その業務の情報システム化が諦められるといった事態も発生する．また，現実を過度に単純化したモデルに基づいて情報システムを設計・開発してしまった結果，利用者にはほとんど使われないといった状況もよく生じた．

このような経営情報システム概念に対する反省から，意思決定支援システムとよばれる情報技術利用モデルが登場してくることとなる．意思決定支援システムの最も重要な観点は，組織全体の効率改善ということではなく，組織構成員の個別的な意思決定プロセスの有効性の改善というところに置かれていた．これは，情報システム評価の基準が，組織全体の効率という単一の基準から，組織構成員個々の意思決定の有効性という多元的基準に移ったということを意味している．

ここで，われわれとしては次の点に注意しなければならない．

第1の注意点は，時系列的には経営情報システム概念および意思決定支援システム概念はこの順に登場してきたのであるが，今日の立場で見るならば，それぞれにおいて主張されている情報技術利用の着眼点はすべて重要であるということである．換言すれば，企業の中にどのような情報システムを作ろうとも，

定型的業務処理は情報システムにおいて依然として重要なプロセスであるということである．

これらの着眼点は今日にいたるも依然として大切である．経営情報システムおよび意思決定支援システムに持たされることが期待されている機能はいずれも，インターネットのようなオープンなコンピュータネットワークが広く普及し，また情報処理コストも大幅に低くなったことを考慮すると，今日においての方が，それぞれが主流を占めた当時よりも格段に上手に実現することができるであろう．

第2の注意点は，経営情報システムも意思決定支援システムもともに情報システム専門家あるいは情報システム部門の視点から組織構成員あるいは意思決定者の情報要求を処理できるような情報システムを作ろうとしている点では同じ視点に立つものであるということである．

経営情報システムの設計・開発者も，意思決定支援システムの設計・開発者もともに組織構成員あるいは利用者を対象化あるいは客体化して，アンケート調査やインタビューなどの手法を使って彼らの情報要求を明らかにしようとする．あるいは，収集した情報要求を分析して整然と構造化を図ろうとする．それらの作業が組織全体を対象にしたものであれ，組織構成員個人を対象としたものであれ，寄って立つ視点は情報システム専門家のものであるという点では変わりはないと考える．

第3の注意点は，経営活動と情報活動の相互関係についての理解の不足を，経営の素人である情報システム専門家の立場から改善していくことはきわめて困難なことである．ここに，利用者指向に基づく情報システム利用という視点の意義を見出すことができる．

企業は環境に対して開いたシステムである．その環境とは基本的には製品・商品市場，資本市場，労働市場である．それらの環境と経常的に価値や情報の交換を行っている．このプロセスを情報システムの側から支えているのがトランザクション処理である．大切なのは，このトランザクション処理に対する継

続的な改善活動である．

　次章において情報システムの戦略的な活用事例としてアメリカン航空の座席予約システムの事例を紹介するが，この座席予約システムは，1953年から始められたトランザクション処理システムの開発を源流とする．この経緯は1960年代の経営情報システムの先駆的な主導者であるGallagher (1961) にも詳しく紹介されている．パンチカード・システムの時代も含めると，それは実に1920年代までさかのぼるという．

　経営情報システム概念や意思決定支援システム概念はあくまでも現実に稼動しているさまざまな情報システムに対する情報技術利用モデルに過ぎない．これらのモデルで捉えきれない情報システムも数多くある．大切なことは，トランザクション処理の持続的な効率化の努力が欠けていては，企業成長の道具としての情報システムの利用における成功は考えられない，という点にある．

　以上，3点を考慮に入れると，最終的には情報システム設計・開発・運用過程すべてを通して，利用者の視点を意識することが大切となってくることがわかる．

　まず第1に，組織全体において情報技術利用における利用者主体の観点を共有していく必要がある．

　その上で，第2に，組織において利用者主体の原則が貫徹できるような，情報システム利用環境を整備していかなければならない．第3には，利用者視点から情報システムのパフォーマンスを評価していくための方法を研究し確立することである．第4に，利用者主体の情報システム利用環境が構築できるようにするための，社内の情報リテラシ教育をどのように工夫していけばよいのかという点を検討しなければならない．

第3章
戦略的情報システムの利用者視点からの再検討

3.1 はじめに

　1980年代に入って戦略的情報システム（strategic information systems：SIS）とよばれる新たな情報技術利用モデルが注目を浴びるようになった．情報システム構築の膨大な試みに対する一つの見方，あるいは焦点が情報技術利用モデルであるという点については，第1章で触れたとおりであるが，戦略的情報システム概念は1980年代の一つの焦点，すなわち情報技術の戦略的な役割に対する人々の期待が込められた利用モデルである．

　情報システムの経営戦略的な活用は，それが経営の文脈で利用され始めた当初から意図されてきたものと考える．企業経営の文脈において，情報技術に代表されるようなその時代その時代の「先進的」技術は，「戦略的」利用が何らかの形で意識されてきた．この点は，たとえば初期の MIS 研究の代表例である Gallagher (1961, p. 161) にも，「産業における競争条件もまた，より時宜にかないかつ正確な情報とコントロールに対する必要性をよりはっきりと高めることになる」という形で述べられている．また，Dearden et al. (1971, 同訳書，p. 13) は，「われわれの経験では，中規模会社の大部分の経営者は，コンピュータがなくても入手できる情報の10分の1も利用していないのが実情であり，それでいながら，彼らはより容量の大きいコンピュータを導入しないと競争に取り残されるのではないかと深く心配しているようである」と述べ，やは

り情報技術利用における戦略的視点に言及している．あるいは，「組織における情報システムの設計は，まず企業の経済情勢，戦略，組織を理解することから始めるべきである．このようにしない限り，組織の重要な諸機能に適すような情報システムをモデル化することはできない．」(Dearden et al., op. cit., 同訳書, p. 13) と，情報技術利用における戦略的視点に明確に言及している．

問題は，そうした見方あるいは情報システム概念が登場してきた背景はいかなるものであり，また，その実体はいかなるものであり，さらにはその限界はどのようなところにあったのかという点である．本章では，利用者の視点からこれらの問題について考察を進めていくこととしたい．

3.2 戦略的情報システムへの関心の高まりの背景

1980年代に情報システムの戦略的利用に対する関心が高まったのであるが，その背景としては次に述べるいくつかの要因があったと考えられる．

(1) Porter に代表されるポジショニング・アプローチ指向の経営戦略理論の登場

第1の背景は，Porter (1985) の産業構造分析理論を代表とする経営戦略理論の分野における成果の蓄積という点に求めることができる．このような背景の下で情報技術や情報システムの戦略的利用という点について経営あるいは利用者の側から関心が高まってくるのは当然の流れといえる．

経営戦略理論にはさまざまな学派がある．たとえば，Mintzberg et al. (1989) は経営戦略理論の学派を10に分類している．Mintzberg らはこれら10の学派の経営戦略理論としての特徴について詳細に議論を行っている．Mintzberg et al. にしたがってこれら10個の学派の特徴について簡単に触れておくと次のようになる．

 (a) デザイン・スクール (Design School)：コンセプト構想プロセスとしての戦略形成

この学派は，企業にとっての外部環境とその企業の内部状況とのマッチングを行うことを通してその企業にとっての明示的な経営戦略を定式化していく，あるいは設計していくということに関心を持っている．Mintzbergはこの学派の代表例としてSelznick (1957)，Chandler (1962) をあげている．

(b) プランニング学派 (Planning School)：形式的策定プロセスとしての戦略形成

この学派は，戦略計画の立案プロセスを定式化するという点に最大の関心があった．Mintzbergはこの学派の代表例としてAnsoff (1965) をあげている．

(c) ポジショニング学派 (Positioning School)：分析プロセスとしての戦略形成

この学派は，産業構造についての詳細な分析から導き出された，業界において占めようとする位置づけという形で経営戦略を理解しようとする．Mintzbergはこの学派の代表例としてPorter (1980) をあげている．

(d) アントレプレナー学派 (Entrepreneurial School)：ビジョン創造プロセスとしての戦略形成

この学派は，企業の最高経営責任者の役割に着目して，その直感に基づく戦略形成過程に主たる関心を置く．

(e) コグニティブ学派 (Cognitive School)：認知プロセスとしての戦略形成

この学派は，認知心理学のアプローチを使って，戦略的行動を人間の思考や認知といった領域に着目して理解しようとするところに関心がある．Mintzbergはこの学派の代表としてSimon (1957a；1977) をあげている．

(f) ラーニング学派 (Learning School)：創発的学習プロセスとしての戦略形成

この学派は，戦略が生まれてくるプロセスを合理的なものとして捉えるのではなく，むしろ過去の計画策定の経験に基づく，ある種の学習プロセスとして理解しようとするところに関心の中心がある．たとえば，Quinn (1978) をあげている．

(g) パワー学派（Power School）：交渉プロセスとしての戦略形成

この学派は，戦略の策定プロセスにおける組織内の権力構造すなわち影響力の行使の構造に主要な関心を寄せている．

(h) カルチャー学派（Cultural School）：集合的プロセスとしての戦略形成

この学派は，戦略の策定や実行の過程における文化や風土のあり方に関心を寄せる．たとえば，Mintzbergは，この学派の例としてNormann (1977) をあげている．

(i) エンバイロメント学派（Environment School）：環境への反応プロセスとしての戦略形成

この学派は，戦略の形成を外部環境の変化への対応と捉えることに焦点を当てている．この学派の例として，MintzbergはHannan and Freeman (1977) をあげている．

(j) コンフィギュレーション学派（Configuration School）：変革プロセスとしての戦略形成

この学派は，Mintzberg自身が主唱する学派で，停滞や変化の状態が，組織における戦略プロセスの形成に影響を与えるという点を主張する．

Mintzbergは，これら10個の学派をさらに図3．1に示すように3つのグループに分類している．すなわち，まず(a)から(c)までのグループは，戦略というものをどのように形成あるいは定式化していくべきかという点に関心があるという意味で規範的アプローチとして括られている．また，(d)から(i)までの6個の学派は，理想的な戦略的行動の規範を提示するというのではなく，ある特定の側面に焦点を当てて戦略というものがどのように形成されているのかを説明することに関心があるという意味で，記述的アプローチとして括られている．これら2つのグループに対して，Mintzbergは，最後のコンフィギュレーション学派を，自分自身もこのグループに属するのであるが，先の規範的ならびに記述的アプローチの双方を併せ持つアプローチ，すなわち，戦略の策定プロセスおよび戦略内容そのものに対する関心を併せ持つ総合的アプローチと位

```
                 記述的アプローチ              規範的アプローチ

            ┌─────────────────┐      ┌─────────────────┐
            │  アントレプレナー学派  │      │   デザイン学派      │
            │  コグニティブ学派    │      │   プランニング学派   │
            │  ラーニング学派     │      │   ポジショニング学派  │
            │  パワー学派       │      └─────────────────┘
            │  カルチャー学派     │
            │  エンバイロメント学派  │        総合的アプローチ
            └─────────────────┘
                              ┌─────────────────┐
                              │ コンフィギュレーション学派 │
                              └─────────────────┘
```

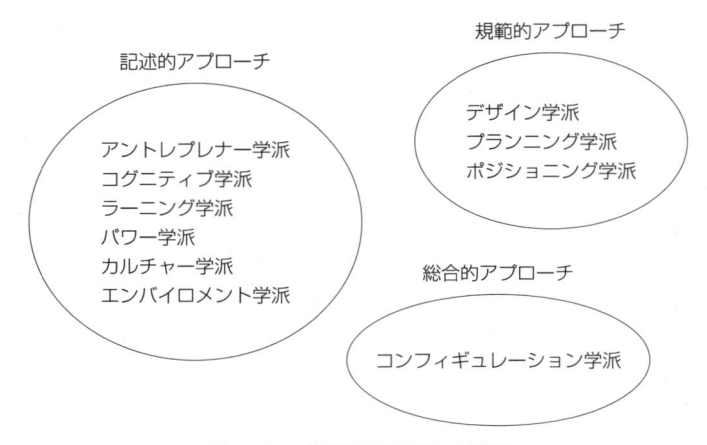

図3.1　経営戦略理論の学派

置づけている．

　情報技術の戦略的利用を背後で支える経営戦略理論は，Porterに代表されるポジショニング学派によるところが大きい．したがって，戦略的情報システム概念が持つ意義と限界は，実は，このポジショニング学派の経営戦略理論が抱える特性と限界とに依存する部分があるので，以下，その学派の代表でもあるPorterの経営戦略理論について整理を試みておきたい．

Porterの競争戦略理論

　企業が持続的に価値を創造していくためには，自社が保有する経営資源を評価し，一方，自社が置かれている業界あるいは市場の競争環境を分析することが，是非とも必要である．そのための理論的フレームワークを提供しているのが，経済学の産業組織論に依拠するPorter（1980；1985）の競争戦略理論である．

　Porterの競争戦略理論は，産業組織論の分析概念を使って，ある産業の収益性に影響を及ぼす競争要因を分析しようとするアプローチである．Porterは，企業が競争戦略を構築していくに際して依拠可能な，いくつかの重要な分析概念を提起している．まず，この点について触れておくこととする．

(a) 5つの競争要因モデル

　企業が競争戦略を構築するにあたっては，企業はまず自社が置かれている市場環境を詳細に分析することが必要になってくる．正しい競争戦略を作るためには，その分析を的確に行うことが必要である．そのための枠組みとして，Porter は図3.2に示されているような，「5つの競争要因モデル（five forces model）」とよばれるフレームワークを提示している．

　ここで，5つの競争要因とは，ある市場における競争相手を意味している．ある市場において，企業の競争相手は同じ市場に属する同業他社だけではなく，新規参入業者，売り手，買い手，代替品も含まれる．この概念図は，ある市場における競争上の構造的特徴は，これら5つの要因の間における交渉力のあり方や取引の方法によって決まってくるということを表現している．Porter は，この関係を分析することを業界分析とよんでいる．情報技術の戦略的利用といった観点からこの5つの競争要因モデルが持つ意義は，情報技術が支援可能な領域を知るための分析のフレームワークを提示しているという点にある．

　これら5つの要因について，Porter にしたがって簡単に触れておくと，次

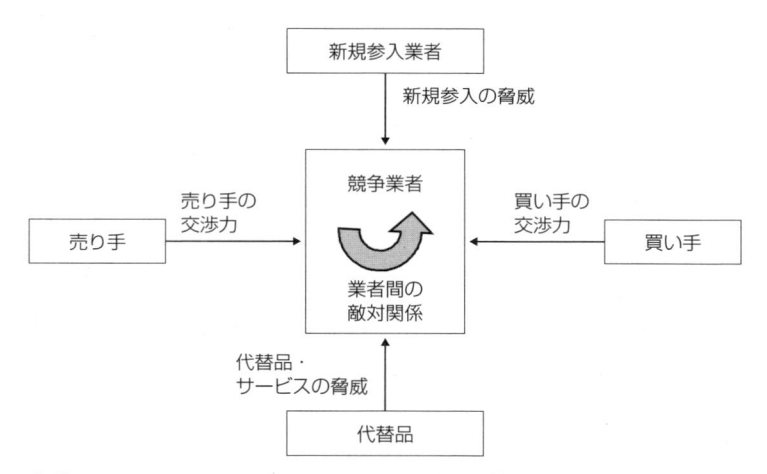

出所：M. E. Porter, The Free Press, 1980, p. 4, 同訳書, p. 18.

図3.2　5つの競争要因モデル

のようになる．

〔新規参入業者〕

　ある市場への新規参入業者は，その市場に競争状態を作り出す要因の一つとなる．一般的には，新規参入業者が登場すると，価格の引き下げ競争がはじまって収益率が低下することになる．また，既存の会社にとっては，シェアの防衛のために新たな投資（設備の更新）や出費（たとえば，広告宣伝費）が発生して，同じく収益率が低下する事態になることが考えられる．

　Porterは，既存の企業が新規参入の脅威にさらされる程度は，一つは参入障壁の種類や大きさ，もう一つは，既存企業が参入企業に対してどのくらい反撃あるいは報復するかということについての，参入企業側における認識の程度の関数であるといっている．

〔既存の競争業者〕

　同じ業界に属する既存競争業者も，市場における競争状態を作り出す要因の一つとなる．いわゆる同業者は，お互いに市場における競争状態を直接的に作り出す当事者となる．ある企業が，より有利な市場地位を手中にする機会を発見し，その機会を実現する行動に移ったまさにその瞬間に，その業界の中から他社による敵対的行動ないしは反撃が起こることになる．

〔代替品〕

　ある製品を生産する業界の競争状態は，その代替品の存在いかんによって大きく変わってくる．代替品とは，同じ機能を提供する製品のカテゴリーのことをさす．たとえば，バターとマーガリン，日本酒とウィスキー，生命保険と預貯金といった関係は，互いに代替品の関係にある．

　代替品が存在すると，代替品がなかった場合にその業界が潜在的に達成しうる収益の，かなりの部分を犠牲にしなければならなくなる．このような場合，その業界は，共同して業界としての競争戦略を構築していかなければならなくなる．すなわち，潜在的な代替品市場を発見し，そのわが市場への脅威の程度を分析し，その結果に基づいて業界としての競争戦略を作り上げていかなけれ

ばならない．

〔買い手〕

売り手と買い手の関係も競争的関係にあるとみることができる．買い手の市場における行動は当然のことながら，売り手の利益を下方に押し下げるように働く．この意味において，買い手は売り手にとってまさしく競争相手である．

〔売り手〕

ある業界において，売り手も競争相手となる．売り手は自らの利益を少しでも大きくしようと意図し，販売価格を上げたり，場合によっては品質を下げたりする．当然，これらの行動は，その業界にとって，その利益を下方に押し下げる方向に働くことになる．この意味で，売り手も競争相手となる．

さて，この5つの競争要因モデルは，Porterの経営戦略理論の中で非常に大切な位置を占めている．なぜならば，競争戦略を構築していくためには，まずある特定市場における競争上の優劣を決定する原因の所在を突き止めなければならず，そのための構図をこのモデルは提供しているからである．

(b) 包括的戦略

Porterによれば競争戦略とは，上で触れた業界の競争要因からうまく自社の身を守り，自社に有利なようにその要因を働かせる位置を業界に見つけ，投資収益を大きくすることをさしている．Porterは，図3.3に示されているように，そのための競争戦略を大きく3つに類型化している．これらを包括的戦略（generic strategies）[1]とよんでいる．すなわち，コストリーダーシップ戦略（あるいは価格戦略），差別化戦略および集中化戦略の3つである．

〔コスト・リーダーシップ戦略〕

コスト・リーダーシップ戦略というのは，コスト面で競争企業よりも優位な市場地位を占めようという戦略である．コスト・リーダーシップ戦略は，また

---

1) Porter (1980) の訳書では "generic strategy" に「基本戦略」という訳語を当てているが，本書では原語に近い「包括的戦略」という訳語をあてることとする．

	戦略の有利性	
	顧客から特異性が認められる	低コスト地位
業界全体	差別化	コスト・リーダーシップ
特定セグメントだけ	集　　　　中	

戦略ターゲット

出所： M. E. Porter (1980)，p. 39，同訳書，p. 61.

図3.3　包括的戦略

価格戦略とよばれることもある．企業がある特定の製品あるいはサービス市場において，競争企業よりも少しでも廉価な価格で製品やサービスを提供することによって，市場占有率を確保しようとする戦略をいう．

〔差別化戦略〕

差別化戦略というのは，企業が製品やサービスの機能や性質，あるいはその提供方法などに特徴を出すことによって，それらの魅力度を高め，少しでも高い市場占有率を確保しようとする戦略のことをさす．

〔集中戦略〕

集中化戦略というのは，特定の市場セグメンテーションとか，製品分野とか，あるいは特定の地域などに経営資源を集中的に振り向けて，コスト・リーダーシップ戦略あるいは差別化戦略を展開していくことをさす．本質的には，コスト・リーダーシップ戦略あるいは差別化戦略のいずれかに依拠するのであるが，経営資源を集中的に用いるというところが上の2つと大きく異なっている．

Porterは，コスト・リーダーシップ戦略，差別化戦略そして集中化戦略に成功することによって，企業は5つの競争要因すべてに対して，安全な地位を

獲得する可能性が大きくなると述べている（Porter, 1980, p. 35, 同訳書, p. 56）.

(c) 価値連鎖

Porter の競争戦略理論においてもう一つ重要な役割を果たす概念が「価値連鎖（value chain）」である．これは，企業が競争戦略の機会を探そうとする場合に利用する，分析のためのフレームワークといってよい．

まず，「価値（value）」というのは，Porter によれば，「買い手が会社の提供するものに進んで払ってくれる金額である．」（Porter, 1985, p. 38, 同訳書, p. 49）と明快に述べ，また，「価値は総収入額で測られる．すなわち，会社の製品につけられた価格と売れる量の積である．」（Porter, 1985, p. 38, 同訳書, p. 49）とも述べている．

普通，製品（あるいは商品）やサービス全体の価値は，図3．4に示されているように，部品や原材料を調達し，それを加工して，出荷にいたる過程で会社が行うありとあらゆる活動に要したコストと，マージンを合算したものと考

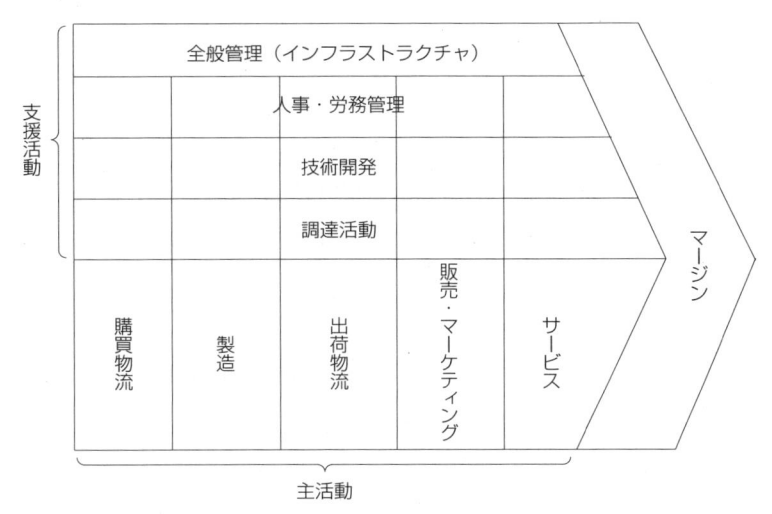

出所：M. E. Porter (1985), p. 37, 同訳書, p. 49.

図3．4　価値連鎖

えることができる．

　ここで「連鎖」という概念を使う意図は，次の点に見出すことができる．ある製品の価値の大きさは，それを生産して出荷するまでのいろいろな活動の組み合わせ方，あるいは「つなぎ方」によって変わってくるであろう．たとえば，ある製品で使う部品の調達方法としては，それを内製するという道と，他社から購入するという道が考えられる．どちらを選ぶかによって，その製品の製造に関わる活動の連鎖の様相が変わってくる．どの連鎖を選ぶかによって，その製品の価値が変わってくるのであり，その連鎖の中にこそ競争優位の源泉を見出すことができる，ということを強調するために，価値「連鎖」という言葉を使っている．この連鎖という概念を織り込むことによって，それは競争分析ツールとしての操作性をより高めることになっているのである．

　また，このフレームワークにおいては価値の中にマージンも組み込まれていることに着目しなければならない．すなわち，このフレームワークは，競争戦略の展開においては，コストにのみ注意を奪われるのではなく，マージンにも注目しなければならないということを表している．すなわち，マージンも競争優位の源泉になりうるので，それも考慮した競争戦略の分析ツールを作らなければならないということである．

　上で述べたように，ある製品の価値は，それに要したあらゆる活動のコストとマージンから成り立っている．活動の種類は製品あるいはサービスの種類によって変わってくる．Porterは，活動の種類を主活動（primary activities）と支援活動（support activities）に大きく分類している．

〔主活動〕

　まず主活動というのは，原材料・部品の調達から最終製品の市場への投入にいたるまでの，ある業界に固有の過程で必要になる活動のことをいう．

〔支援活動〕

　支援活動というのは，資材調達技術，人的資源管理および各種の全社的管理機能など，主活動を間接的に支える活動のことをさす．

(2) ビジネス・プロセスの変革を扱う理論の登場

情報技術の戦略的利用に対する関心が高まってきたことの重要な要因の一つとして，経営戦略理論に対する関心の高まりがあったということの他に，もう一つの重要な要因をあげることができる．それは，ビジネス・プロセスの改革運動に関わる理論である．さまざまな動きがあったが，これらを総称して理論分野といえるかどうかは疑問である．それら多様な動きは，総称として「ビジネス・プロセス・リエンジニアリング (business process reengineering : BPR)」とよばれている．BPR が対象とするテーマは，情報技術の戦略にとっての固有の手法を提供しているというわけではなく，この考え方自体は，もともと経営管理において普遍的なテーマ性をもっていたのではないかと思われる．ビジネス・プロセスの改革自体は，普遍的に取り組んでいかなければならない課題である．その源流は古くは Tayler (1911) の科学的管理法に遡ると思われる．このような意味では決して新しい分野とはいえない．むしろ，BPR という考え方は，情報技術や情報技術の戦略的利用というテーマへの関心が高まってきたことに刺激を受けて，改めて「見直し」あるいは「リエンジニアリング」が行われたと理解することができる．決して新しいアプローチとはいえないが，このビジネス・プロセスの改善は情報技術の戦略的利用にとって必須の着眼点となってくる．

問題は，先に触れたような3つの競争戦略の機会ないしは源泉を，具体的にどこに求めることができるかということである．情報技術を利用することによる競争優位の源泉は，実際にはビジネス・プロセスそれ自体の中にある．このことからビジネス・プロセスは，情報技術の戦略的利用における重要な分析要素となる．

Porter の価値連鎖概念に従えば，製品・商品あるいはサービスの価値は，企業が行う活動に応じて蓄積されていくコストとマージンの総計からなる．価値連鎖とは，製品・商品あるいはサービスの価値全体を作り出すのに必要ないろいろな活動の連鎖のことをいうのである．生産者から最終消費者にいたる流

通の過程には，さまざまな企業が介在するのであるが，それぞれの企業が，それぞれの段階で，一定の連鎖にしたがって価値を形成する．ここで，価値活動は主活動と支援活動とからなっていた．主活動とは，製品を製造し，販売・輸送し，さらには爾後のサービスを行うといったように，製品の製造・流通に直接に関わる活動のことをいっていた．一方，支援活動とは，主活動を間接的に支える活動全体をさす．

競争優位の源泉は，これらの活動のいずれかの部分を合理化・効率化したり，あるいは差別化することによって作り出すことができる，というのがPorterの価値連鎖概念の着眼点なのである．そこで次に問題となるのは，この価値連鎖のどこに情報技術を利用することによって競争優位を生み出すことができるかということである．Davenport (1993)，Davenport and Short (1990) に代表されるBPRはそのための有効な枠組みおよび手法を提供するアプローチとして期待されている．たとえば，Davenport自身が，Porterの競争戦略理論の意義を「競争上の機会と高次のプロセスを識別する手段として，価値の連鎖の中の価値活動のつながりを識別し，作り出すことの有用性を強調している」(Davenport, 1993, p.30, 同訳書, p.42) と評価している．競争戦略を支援するための情報システムを構築していこうという場合には，戦略形成の上でキーとなるプロセスを探し出し，情報技術を利用して初めて可能になる，プロセスのイノベーションの機会を見つけることが必要である．ビジネス・プロセス・リエンジニアリングは，その着眼点と，それを実際のプロセス・イノベーションへと組織化していくための方法論を提供しようとするものなのである．その意味において，それは情報技術の戦略的利用研究にとって，まさしくエンジニアリング的，換言すれば操作的な方法を提供してくれているのである．

Davenport (1993) は，情報技術の持つこのような可能性を評価した上で，「情報技術イネブラー (IT enablers)」とよばれる重要な概念を提供している．情報技術イネブラーは，「情報技術てこ (IT levers)」とよばれる場合もある (Davenport, 1990)．これは，組織におけるさまざまなプロセスの変革につな

第3章　戦略的情報システムの利用者視点からの再検討　65

がる要因を総称している．情報技術もそのような要因となりうるという理解である．そして，プロセス・イノベーションにおける情報技術の役割を，図3.5のように概念的に表している．この図は，情報システムをも含むインフォメーション・エンジニアリングの目的が，現状のプロセスを支援するものではなく，むしろ新しく設計されたプロセスを支援しようとするところにある，という点を表している．図中の「新しいプロセスのデザイン」における4つの正方形は，Davenportによる直接的な言及はないが，情報技術をイネブラーとして使うとした場合の，すなわち，「既に概念化されたプロセスを情報の観点（あるいは，より正確にいえばデータ中心の観点）から記述し，それによって新しくデザインされたプロセス」(Davenport, 1993, p. 49, 同訳書, p. 67) を表している．その上で，Davenportはプロセス・イノベーションにおいて情報技術が及ぼ

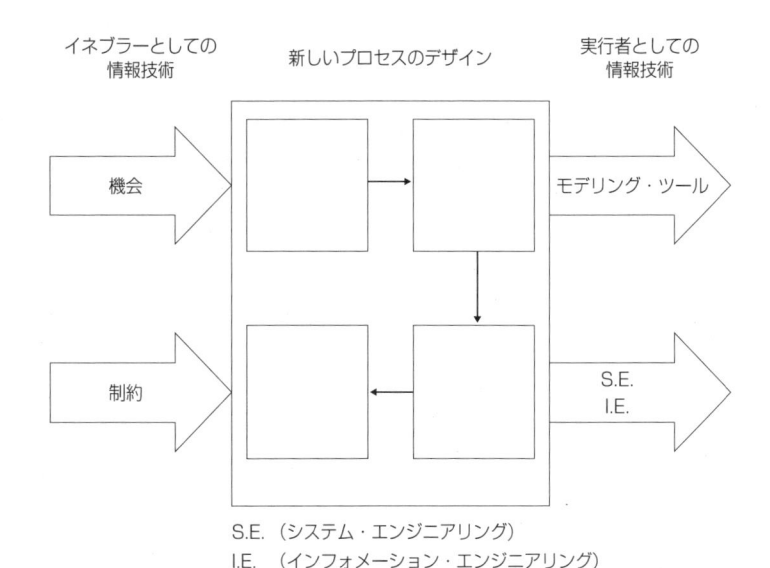

出所：T. H. Davenport (1993), p. 49, 同訳書, p. 67.

図3.5　プロセス・イノベーションにおける情報技術の役割

しうる影響を具体的に表3.1のような形で整理している．Davenport は，情報技術が持ついろいろな能力とプロセスのイノベーションとは相互補完的な関係にあるという．Porter の経営戦略論は，この情報技術イネブラーを探すための重要なフレームワークを提供する．

このように情報技術がプロセス・イノベーションにどのように貢献しうるかということについて，さまざまな可能性，すなわちイネブラーが現実に存在することが理解できる．ここで問題は，それら多様なイネブラーの中から，具体的にどれに着目すればよいのかという点である．この点について CSF（critical success factors：重要成功要因）とよばれる重要な概念が，Rockert（1979）によって提唱されている．

CSF という概念は，市場で企業が競争優位を獲得するのに必要な比較的少数の要因のことをいう．この考え方はもともとは Daniel（1961）が開発した成功要因（success factors）を発展させたものである．Daniel によれば，情報システムに期待すべきニーズを明らかにするためには，事業分野自体に，成功に直接関わるいくつかの条件が存在しているという．それが成功要因とよばれるものである．Daniel は，情報システムが成功するためには，まずそれらの条件を抽出しておくことが重要であると主張した．Rockert は，インタビュー

表3.1　プロセス・イノベーションに対する情報技術の影響

影響	説明
自動的	プロセスから人的労働を除去する
情報的	プロセスを把握するために，プロセス情報を採取する
順序的	プロセスの順序を変更したり，並行処理を可能にする
追跡的	プロセスの状況とプロセスの対象をつぶさに監視する
分析的	情報の分析と意思決定を改善する
地理的	地理的に離れたプロセス間を調整する
統合的	職務とプロセスを調整する
知識的	知的資産を獲得し利用できるようにする
直接的	プロセスから媒介物を除去する

出所：T. H. Davenport（1993），p. 51，同訳書，p. 69．

を利用して企業のいろいろな階層の人々から成功要因を聞き出し，その結果を階層的に体系化するという操作的な手法を考案した．そうした手法を情報システムに対するニーズを聞き出すことに応用していく過程で，情報システムのプランニングにおいては，重要成功要因の数を，たとえば1桁というような数に限定することが肝要であるということを検証していったのであった．具体的に何が重要成功要因になるのかということに関しては，個別の事例ごとにみな異なってくるのであり，それを一般的に抽出はできないと考えられた．

(3) 情報技術の発達

情報技術の戦略的利用に対する関心が高まってきた第2の背景としては，情報技術自体の発展，とりわけコンピュータ・ネットワークが普及してきたという点をあげることができる．

情報システムによって企業の競争戦略をどのように支援することができるかということは，もちろん，その時代時代における情報技術のありように大きく影響される．いろいろな分野において情報技術が進歩しているが，1990年前後の状況の中で，企業戦略情報システムの研究という視点から無視することができない変化の潮流をいくつか抽出すると，次のようになるであろう．

(a) パーソナル・コンピュータの価格性能比の向上

1990年ごろ，急速にパーソナル・コンピュータやワークステーションが普及していくこととなる．当時，価格性能比が急速に向上していくこととなる．この分野は日進月歩であるが，当時，たとえばCPUが16MHz，RAMが2Mバイト，HDDが40Mバイトぐらいのある国産メーカのパーソナル・コンピュータの価格がおおよそ40万円前後であり，企業において社員一人ひとりにパーソナル・コンピュータを配置することが比較的廉価にできるようになってきた．

(b) 情報ネットワーク・システムの多様化

情報ネットワーク・システムは情報技術の戦略的利用を図っていく上での重要な技術基盤といえる．当時，この情報ネットワーク・システムが多様化しつつあった．それまで企業における情報システムのネットワーク化は，基幹業務

を対象とし，ホスト・コンピュータに多数の端末装置を階層的に接続するという形で推進されてきた．しかし，上述のパーソナル・コンピュータやワークステーションの価格性能比の向上も手伝って，LAN (local area network) あるいはクライアント・サーバ・システム (client/server system : C/SS) を構築することによって，既存の基幹系システムのダウンサイジング化を図る傾向が強くなってきていた．あるいは，新たに情報ネットワーク・システムを導入しようとする場合には，いまや LAN や C/SS が当然の前提ともなってきていた．

また，当時，急速に脚光を浴びるようになってきていた，いわゆるインターネットの存在も，戦略的情報システムの構築あるいは情報技術の戦略利用に関する研究という視点からも無視しえないものとなってきていた．インターネットは，1993年にその商用利用が認められて以来，一躍，民間企業のみならず，政府関係機関，地方自治体などの注目を集めるようになった．インターネットの特徴は，その開放性という技術的な特徴に求めることができる．インターネットは，原理的には世界中のすべてのコンピュータを接続することができる．換言すれば，インターネットによって，いろいろな企業同士を，異なる産業同士を，そして世界中の国同士をリアルタイムに，かつ双方向に接続することが可能となる．この側面こそは，情報技術の戦略的な利用に対して，さまざまな可能性をもたらすことになると期待された．

(c) ビジネス・プロトコルの標準化

情報システムを利用して文字，画像あるいは音声などからなる，いわゆるマルチメディア情報を企業間で交換していくためには，当然のことながら，それらの標準化を図っていかなければならない．その標準化がどのようにどのくらい進められるかということが，情報技術の戦略的な利用を進めていく上での重要な課題となってくる．

当時，ビジネス・プロトコルの標準化が試みられ，代表的なものとして，電子的データ交換 (electronic data interchange : EDI) があげられる．

電子的データ交換とは，コンピュータでの処理ができるように購買注文，仕

切書，出荷案内，入荷報告などのビジネス文書の標準化を図り，企業間の情報交換の効率化・合理化を達成しようという考え方である．たとえば，わが国の場合，流通業界で使われている JAN（Japan Article Number）コード（通称，「バーコード」）はそうした標準化の具体例といえる．

3.3 戦略的情報システムの概念と事例

情報技術の戦略的利用に対する関心が喚起されるようになった背景には，以上のようなことがあった．

情報技術を使って，企業が市場において他社に勝る競争上の優位な地位を確保しようとすることは自然な成り行きと考えられる．すなわち，企業は，情報技術を使って生産管理，販売管理などにおけるさまざまな定型的業務処理の合理化や効率化を図ることを通じて，より有利なコスト構造を実現することによって，消費者から低価格企業という評判を獲得することができる．あるいは，企業は，情報技術を利用して他社に勝る，サービスの差別化を実現することを通じて高付加価値提供企業という評判を獲得することができる．このような意味において，情報技術は企業経営の戦略的道具ということができ，戦略的情報システム概念が生まれてきた．戦略的情報システム概念の主唱者である Wiseman は，それを「競争優位を獲得・維持したり，敵対者の競争力を弱めたりするための計画である企業の戦略を，支援あるいは形成する情報技術の活用である」（Wiseman, 1988, 同訳書, p. 118）と述べている．この定義からわかるように，戦略的情報システムでは，情報システム計画と経営戦略とは一体化していなければならない．

Wiseman は，この点を図3．6に示すような概念図を用いて主張している．この図は，企業戦略（corporate strategy : CS）と情報システム計画（information system planning : ISP）が互いに一体化していなければならないということを表している．そのような情報技術のそのような情報技術の利用の事例として

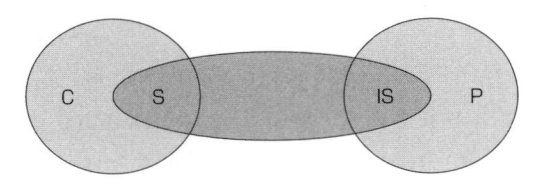

出所: C. Wiseman (1988), 同訳書, p. 380.
図3.6 競争戦略と情報システム・プランの統合

　当時，注目を浴びたのが，アメリカン航空[1]のコンピュータ座席予約システム (computerized reservation systems : CRS) (Hopper, 1990) と，アメリカン・ホスピタル・サプライ社[2]のオーダーエントリ・システム (McGee et al., 1993, pp. 39-40) であった．これらの事例について紹介しておくこととしたい．
　アメリカン航空
　アメリカン航空の座席予約システムは後にセーバー (semi-automated business research environment : SABRE) という愛称で参照された．アメリカン航空のSABREは，実に長い開発の歴史を持つ．SABREという愛称で親しまれるようになったのは比較的最近のことである．Gallagher (1961) によれば，アメリカン航空の座席予約システムの開発への取り組みは1953年に遡る．Gallagherはその開発の歴史を「計画推進期 (1953-1955年)」，「計画および開発期 (1955-1959年)」，「実行期 (1960-1963年)」の3期に分けて紹介している．アメリカン航空のこの座席予約システムが，いわゆる戦略的情報システムの成功事例として後に注目を浴びる契機となったのは，実は，開発が終了した1963年からさらに10年以上が経過した1976年のことである．
　アメリカン航空は1973年に，それまで社内での予約業務の合理化のために運用していた座席予約システムに改良を加えて，予約端末機を旅行代理店に開放し，それを同社のホストコンピュータと接続して，旅行代理店で予約・発券業

---

1) http://www.aa.com/
2) http://www.americanhospitalsupply.com/

務ができるようにした．このような予約サービスは，今日では当たり前のことであるが，アメリカン航空にとっては，当時としては画期的な決断であったと思われるが，そこにいたる経緯としては，アメリカン航空ならびに旅行代理店双方にそれぞれの事情があった．それぞれの事情から両者の間に「戦略的同盟 (strategic alliance)」(Badaracco, Jr., 1991) が結ばれた．

　まず，旅行代理店側の事情としては次のようなことが考えられた．1973年に世界的規模のオイル・ショックが起きた．その影響で旅行代理店は旅行客の減少に直面し，当然のことながら予約サービス手数料の減収という問題に直面していたのである．こうした減収をカバーし，逆に増収を目指すために，旅行相談機能，関連交通機関の予約・発券機能，ホテル予約機能，レジャー施設予約機能などのサービスを，窓口で顧客に提供するというようなことができないだろうかと，今日では当たり前のことが，当時模索された．

　しかし，これらの機能を顧客に提供するためには，コンピュータ・プログラムの開発，端末装置の更新などの膨大な投資が，旅行代理店に課されるところとなる．もともと資金力が劣る旅行代理店業界がその負担を受け入れることはできない．それに代わる方法として，旅行代理店側は航空業界にその負担を要請するところとなった．

　一方，航空会社側にとっては，その負担を負うことには危険が伴う．すなわち，その膨大な投資を確実に回収できる保証はないからである．どうしてかというと，航空会社にとっては，自分たちの売上の半分程度しかない旅行代理店のために情報システム投資を行うことには，リスクが伴うからである．このような事情から，当時，大半の航空会社は，旅行代理店側と戦略的同盟を結ぶ道を閉ざしたが，アメリカン航空は，旅行代理店業界とその道を選択した．その理由は，新興のアメリカン航空にとって，その決断をしないことに伴う膨大な機会費用の発生を危惧したからである．すなわち，投資のリスクは機会費用よりも小さいと判断したからに他ならない．

　アメリカン航空は，このような判断の下に従来のCRS端末機に改良を施し

た上で，それを旅行代理店に開放した．このようにしてSABREが誕生した．最初，SABRE端末の旅行代理店への普及は期待したほどではなかった．1978年に行われた航空運賃の規制撤廃，路線規制の撤廃に伴う発券業務の煩雑さを解消したいという旅行代理店側の思惑からCRS端末の普及が急速に進んでいくこととなった．

このように，自社CRS端末の旅行代理店への開放という決断が，新興勢力であったアメリカン航空を，業界上位に押し上げていく契機となった．何よりもこの意思決定が重要なポイントであったのであるが，SABREに組み込まれていたいわゆる「バイアス表示」とよばれる，アメリカン航空にとって巧妙な表示方法が，CRS端末の普及をさらに促進していくところとなる．

いま，ある顧客が旅行代理店の窓口にきて，ある都市Xから他の都市Yまでのある日時の航空券を予約したとすると，アメリカン航空の社名略号は"AA"であるから同社便がCRS端末ディスプレイの上位に並ぶ．旅行代理店のオペレータは，心理的に上位の便から予約を入れていくことになるであろうから，アメリカン航空にとって断然有利となる．後にこのバイアス表示は，独占禁止法違反の烙印を押され姿を消すことになる．

アメリカン・ホスピタル・サプライ社

アメリカン・ホスピタル・サプライ社のオーダーエントリ・システムはASAP (American's analytical systems automated purchasing systems) とよばれている．アメリカン・ホスピタル・サプライ社は，病院，医療関連機関などに医薬品，医療機器を納入する卸売事業者である．アメリカン・ホスピタル・サプライ社は，1970年代前半に，病院の購買担当者が同社のコンピュータ・システムに直接注文を入力できるような情報システムを開発した．同社はその顧客（病院）に同社のセンターのコンピュータに直接接続できるコンピュータ端末装置を提供していた．これによって顧客は，アメリカン・ホスピタル・サプライ社の販売担当者を呼びつけて，発注をかける必要はなくなり，自分の責任で発注作業を行うことができるようになっている．アメリカン・ホスピタル・サ

プライ社の狙いは，顧客の囲い込みを行うことによって，潜在的競争相手に対する参入障壁を形成することにあった．つまり，アメリカン・ホスピタル・サプライ社にしてみると，顧客を一度囲い込んでしまえば，顧客はそのオーダーエントリ・システムを使い慣れるのにかなりの努力を傾注してしまっているであろうから，新たに他社に囲い込まれることにはならないであろうという読みがあった．この場合，「コンピュータ端末装置への慣れ」が新規参入企業に対する障壁を築くことになる．顧客にしてみると，他社のオーダーエントリ・システムに乗り換えるには切替コストがかかる．

アメリカン・ホスピタル・サプライ社は，このようなオーダーエントリ・システムを構築する一方で，さまざまな努力を試みていく．たとえば，このようなオーダーエントリ・システムは他社にもあるわけであるから，これだけでは競争上の優位性を築く要因とはなりえない．そのために一方で，他社よりも最も幅広い品揃え政策をとることによって，顧客にとっての魅力度を増すという努力も行っていった．また，アメリカン・ホスピタル・サプライ社は，発注作業を病院の購買担当者が直接行うようになったからといって，自社の販売担当者を解雇するといったようなことは行わなかった．むしろ，同社は自社の販売担当者を，病院側の購買担当責任者が，在庫管理やコスト管理能力を向上させることができるように，ともに協力して働くように仕向けた．

また，アメリカン・ホスピタル・サプライ社は，自社のオーダーエントリ・システムに対する持続的な投資と改良を行ってきた．当初は自社の広範な流通戦略を支援する情報システムを構築するという努力から始まったことが，いまでは病院の購買責任者と供給業者であるメーカをつなぐ電子的市場の創造へと発展を遂げている．

3.4 利用者視点の戦略的利用の論理

Porter に代表されるいわゆるポジショニング学派の経営戦略理論と同期す

る形で，1980年代に入って，新たな情報技術利用モデルとして戦略的情報システム概念が登場してきた．歴史的には，情報技術を経営戦略遂行の手段として利用していこうという動きは，企業における情報システム構築の努力のなかで一貫して観察されてきたものと考える．筆者は，情報技術の経営戦略的な視点からの利用は，企業における情報システム構築の歴史において意識するとしないとに関わらず，普遍的な到達点であると考える．この意味でそれぞれの時代あるいはそれぞれの国，あるいはそれぞれの事業分野で利用されている情報システムの間には何がしかの連続性があると思われる．前に触れた経営情報システムあるいは意思決定支援システムなどは，そうした多様な情報システムの利用の中からつむぎ出されてきた抽象的なモデルと考えることができる．そして，いまここで取り上げている戦略的情報システムは，ある時代における経営の焦点や情報技術の水準に規定された，さまざまな情報技術利活用を見る視点を提供する経営情報システム概念と捉えることができる．

戦略的情報システムの概念はさまざまに存在しうる．戦略的情報システムのいろいろな概念整理の仕方が考えられる．ここでは Turban, McLean and Wetherbe (2002) の整理にしたがっていくつか紹介しておくこととする．

Wiseman and MacMillan のフレームワーク

Wiseman and MacMillan (1984) は，情報技術の戦略的利用機会を発掘するためのマトリックスを概念化した．先に触れたように，Porter は競争優位を築くための包括戦略としてコストリーダシップ，差別化，集中の3つを掲げていた．Wiseman and MacMillan は，図3．7に示されているように，これらのうちコストリーダシップ，差別化にさらに革新 (innovation) という戦略を追加し，同図に示されているように，これら3つの戦略を行とし，「供給業者 (suppliers)」，「顧客 (customers)」，「競争業者 (competitors)」などの競争の当事者を列とするマトリックスを定式化している．われわれは，情報技術の戦略的利用の機会をこのマトリックスのセルごとに検討していくことができる．たとえば，すでに普通に行われているが，「差別化」行と「顧客」列が交差する

第3章　戦略的情報システムの利用者視点からの再検討　75

経営戦略＼競争相手	供給業者	顧　客	競争業者
差別化			
コスト			
革　新			

出所：C. Wiseman and I. MacMillan (1984), p. 45.

図3.7　ITアプリケーション評価

セルにおいては，「デル・モデル（Dell model）」に代表されるようなWebをベースに使ったパーソナル・コンピュータのカスタマイズ・サービスといったアプリケーションが考えられるであろう．

Wisemanのフレームワーク

　図3.8に示されているように，企業は競争環境における自社のある状態Xから競争優位を獲得するために他の状態Yに移るためにその環境に対してさまざまな経営戦略を実行する．そのための具体的な行動のことをWisemanは「戦略スラスト（strategic thrusts）」とよんでいる．"thrust"とは英語で「推進力」という意味である．上で触れたように，Porterは競争優位を築くための基本戦略としてコストリーダーシップ戦略，差別化戦略，集中戦略の3つを掲げているが，Wisemanはこれらにさらに革新（innovation）戦略，成長（growth）戦略，同盟（alliance）戦略を加えている．Wisemanのフレームワークでは戦略的情報システムはこれら戦略スラストを実際に支援する情報システムのことをさしている．

Porter and Millarのフレームワーク

　すでに述べたように，情報技術の戦略的利用を構想する場合のベースとなる

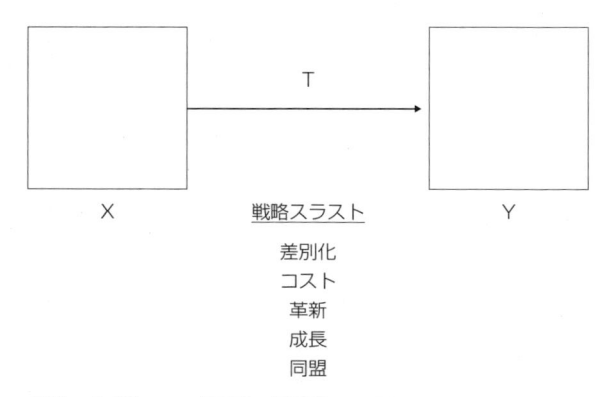

```
┌─────┐      T      ┌─────┐
│     │────────────▶│     │
│  X  │             │  Y  │
└─────┘             └─────┘
         戦略スラスト
           差別化
           コスト
           革新
           成長
           同盟
```

出所：C. Wiseman (1988), 同訳書, p. 134.

図3.8　戦略スラスト

戦略理論の枠組みは，Porter の理論に追うところが多い．その Porter 自身が，Millar とともに戦略的情報システムの概念について，一つの提案を試みている（Porter and Millar, 1985）．このフレームワークは，経営戦略理論家の Porter 自身のものであることから，戦略的情報システムについての概念を理解する上で重要な示唆を与えるものとして注目に値する．

Porter and Millar の戦略的情報システムのフレームワークは，次のような特徴を持っている．

第1に，Porter and Millar は，情報技術が企業間の競争に及ぼす影響として，以下の3点を全体的に指摘している．

(1) 産業構造と競争のルールは，新しい情報技術の登場の結果として変わってきた．
(2) 組織は，情報技術を使うことによって，その競争相手を上回る成果をあげてきた．
(3) 組織は，情報技術を使うことによって新しい事業を創造してきた．

これら3点の指摘は，それぞれ重要であるが，全体的にはいわゆる情報技術によって，経営行動そのものが影響を受けたり，逆にそれを的確に利用するこ

第3章 戦略的情報システムの利用者視点からの再検討 77

とによって，自社が新たな競争ルールを作り上げることを通して，有利な立場に立ちうるということを明確にしているとう点で評価できる．

　Porter and Millar は情報システムを用いることの戦略的な意義というものをこのように整理した上で，第2に，情報システムが作り出す戦略的な機会を掴みとるための方法についての概念的なフレームワークを提示している．

　このフレームワークは，図3.9に示されているように情報技術の戦略的利用の可能性を評価するために，「価値連鎖の情報集中度」軸，ならびに「製品の情報集中度」軸からなる「情報集中度マトリックス（information intensity matrix）」とよばれる，戦略機会評価の概念装置を提案しているところに大きな特徴を有している．

　ここで，「価値連鎖の情報集中度」とは，ある会社が関係する供給業者数や顧客数の多さ，製品が販売のために必要とする情報量の多さ，製品を構成する部品の多さ，会社の製造過程の多さ，注文から製品配送までのサイクルタイムの長さなど，製品の生産・流通あるいは価値連鎖に関連して必要となってくる情報の量や種類の多さをさしている．一方，「製品の情報量」とは，主に情報を提供する製品，操作が実質的な情報処理を含む製品，利用者がその利用に際

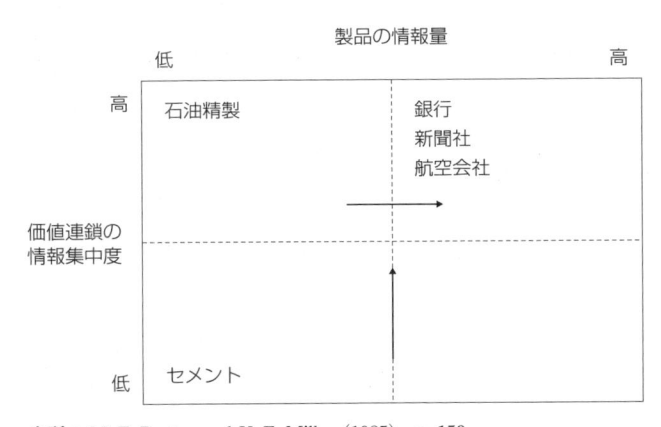

出所：M. E. Porter and V. E. Millar (1985)，p. 153.

図3.9　情報集中度マトリックスの例

して多量の情報を必要とする製品，買い手の訓練に高いコストを費やす製品，数多くの代替的な利用方法やビジネスで高い情報集中度を有する買い手に売られる製品など，製品そのものの属性に関わる情報の量や種類の多さを表している．

Porter and Millar は，このような情報集中度マトリックス概念を用意した上で，これに基づく図3.10に示されているような，最高経営管理者が情報技術の戦略的利用機会を導くための5つのステップを提案している．

Bakos and Treacy のフレームワーク

Bakos and Treacy（1986）は，図3.11に示されているように，因果関係に着目した，情報技術の戦略的利用の機会を発掘するためのガイドラインとしてのフレームワークを提案している．

このフレームワークは，もちろん Porter の理論的枠組みに依拠している．すなわち，このフレームワークは，同図を見るとわかるように Porter が競争優位の源泉とした「交渉力（bargaining power）」と「相対的効率性（compara-

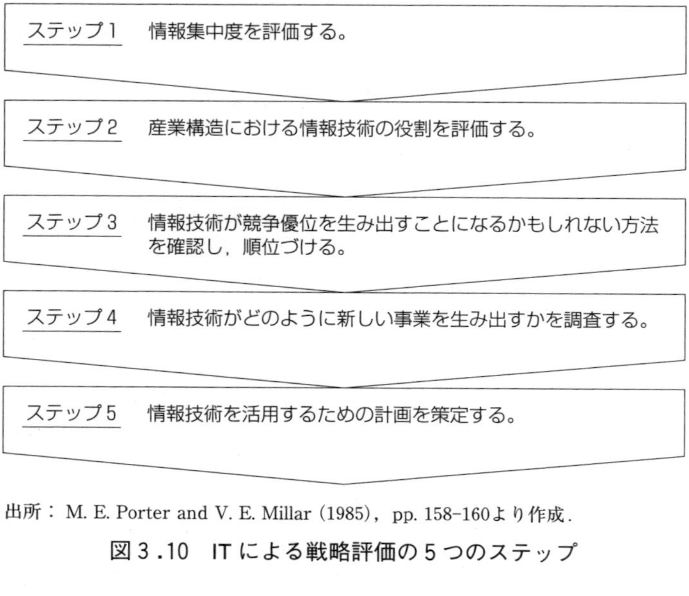

ステップ1	情報集中度を評価する。
ステップ2	産業構造における情報技術の役割を評価する。
ステップ3	情報技術が競争優位を生み出すことになるかもしれない方法を確認し，順位づける。
ステップ4	情報技術がどのように新しい事業を生み出すかを調査する。
ステップ5	情報技術を活用するための計画を策定する。

出所：M. E. Porter and V. E. Millar (1985), pp. 158-160より作成．

図3.10　IT による戦略評価の5つのステップ

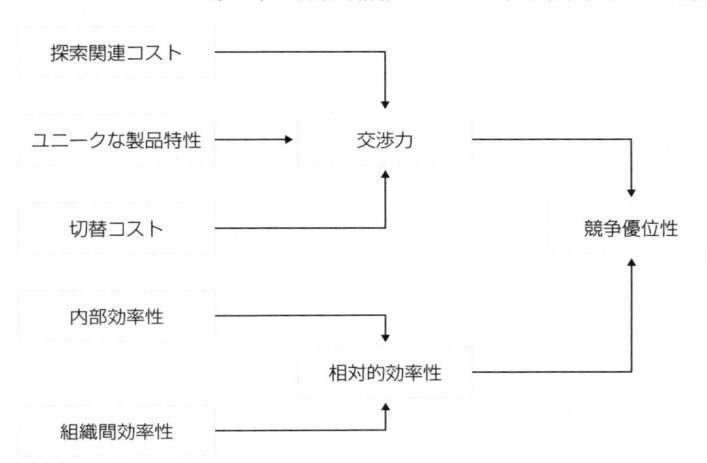

第3章 戦略的情報システムの利用者視点からの再検討　79

```
探索関連コスト ──────┐
                      ↓
ユニークな製品特性 ──→ 交渉力 ─────────┐
                      ↑               ↓
切替コスト ──────────┘            競争優位性
                                      ↑
内部効率性 ──────────┐            │
                      ↓               │
                   相対的効率性 ──────┘
                      ↑
組織間効率性 ────────┘
```

出所：J. Y. Bakos and M. W. Treacy (1986), p. 114.

図3.11　競争優位性の因果モデル

tive efficiency)」を決める要因を体系化しているところに特徴を見出すことができる．交渉力を決める要因として「探索関連コスト（search-related cost）」，「ユニークな製品特性（unique product）」，「切替コスト（switching cost）」が，また相対的効率性を決める要因として「内部効率性（internal efficiency）」および「組織間効率性（interorganaization efficiency）」があげられている．われわれは，戦略的情報システムのプランニングに際して，情報技術を利用することによって，これら5つの要因にどのように働きかけを行えば，交渉力の獲得，あるいは相対的優位性を獲得することができるかを検討していくことになる．

3.5　ポジショニング学派的視点の克服

前節では，情報技術の戦略的利用の方途を探るためのいくつかのフレームワークを紹介した．しかし，ここに取り上げたいずれのフレームワークも，非常に奇妙なことなのであるが，実体的な戦略的利用の方途を導き出すことがで

きない．その理由はどこに見出すことができるのか．この点を，以下2点に絞って考察しておくこととしたい．

(1) 「経営戦略家」の視点からの脱却

前節で紹介した4つのフレームワークのいずれもがそうなのであるが，まず重要な問題点は，情報システムの設計・開発を担う専門家でもなく，またその利用者の観点からでもない，ある種の仮想的な「経営戦略の専門家」の視点から情報技術を利用した戦略的機会の分析のためのフレームワークという構えになっているという点である．この点は，先のMintzberg (1989) が，Porterに代表される経営戦略理論におけるポジショニング学派に対してあたかも「外部コンサルタントの立場」と評したことに通じるところがある．つまり，上記のフレームワークにおける最大の問題点は，それらには経営戦略専門家は登場してくるが，利用者はもちろんのこと，情報システム専門家さえも登場してこないという奇妙さである．

上で紹介したアメリカン航空の座席予約システムも，アメリカン・ホスピタル・サプライ社のオーダーエントリ・システムもそうであるが，普通，戦略的利用の成功事例と評価される情報システムは，非常に長い開発と運用の歴史の中で進化を遂げてきたものである．実は，そのこと自体も情報システムの持続的競争優位性の要因となる．先のフレームワークでは，この点に対して焦点を当てることができていないのである．情報システムによって戦略的な支援を目指す競争市場におけるポジションは，「経営戦略専門家」が戦略的分析の中から選択できるものではない．

本論の主要な関心事は，前にもたびたび触れたように，利用者の視点と情報システム専門家の視点とを対置させた上で，前者の視点を企業における情報システムの設計・開発・利用にどのように取り入れていけばよいのかというものである．しかし，上の戦略的情報システムへのポジショニング学派的アプローチにおいては，あくまでも経営戦略家が中心であり，利用者および情報システム専門家は脇役であるかのごとくである．したがって，ポジショニング学派的

フレームワークに依拠する形で情報技術の戦略的な利用をはかっていくという方向性には，根本的な限界があると思われる．そのことは，もちろん情報技術の戦略的利用という方向性自体の否定を意味するものではない．むしろ，企業における情報システムの，当然の利用方法として今後も普遍的目標でありつづけると思われる．

このような認識のもとで，いま一度，情報システムの設計・開発・利用の全過程における利用者および情報システム専門家の関係というものを再考しなければならないであろう．

(2) 経営戦略と情報システム戦略の分離

情報技術の戦略的利用を扱う文献においては，必ずといってよいほど経営戦略と情報システム戦略の統合が強調されている（Robson, 1994；Wiseman, 1988）．経営戦略と情報システム戦略の統合は，戦略的情報システムの定義から自ずと導き出されてくる系であり，当然考えなければならない問題である．この問題がポジショニング学派に依拠している，上で紹介したようなフレームワークにおいて，どのように理解されているのかということを説明する概念装置として，図3.12の役割期待マトリックスを用意してみた．

いま，行方向に，企業における情報システムの当事者たる利用者と情報システム専門家をとり，列方向に，目標となる経営戦略と情報システム戦略をとる．そうすると，4つのセルができる．これが，情報システムの設計・開発・利用の全過程における，ある種の役割と期待を総括的に示すものであることを以下に説明する．

セルAは，利用者が，経営戦略の形成という役割を，主体的に果たすことを意味する．セルDは，情報システム専門家が，情報システム化戦略の形成という役割を，主体的に果たすことを意味する．これら2つのセルは，利用者ならびに情報システム専門家が，本来的に果たすことが期待される役割という意味で「主活動」と表現する．

一方，セルBは，利用者が情報システム戦略の形成に間接的に関わることを

	経営戦略	情報システム戦略
利用者	A 主活動	B 支援活動
情報システム専門家	C 支援活動	D 主活動

図3.12　役割期待マトリックス

意味する．セルCは，情報システム専門家が経営戦略の形成に間接的に関わることを意味する．これら2つのセルは，利用者ならびに情報システム専門家が，間接的に果たすことが期待されるという意味で「支援活動」と表現する．

　ところで，先のWisemanによって示された，経営戦略と情報システム計画の統合概念図は，戦略的情報システムの定義の系として自ずと導出されることを描いただけで，この統合概念図自体は，戦略的情報システムの設計・開発を進めていく場合の有効な示唆を与えるものではない．Wisemanに代表されるような経営戦略と情報システム戦略の統合概念は，先の役割期待マトリックスとの関連でいえば，図3.13に示されているように，セルAで示される利用者がプランニングに責任を持つ経営戦略と，セルDで示される情報システム専門家がプランニングに責任を持つ情報システム戦略の調整の必要性を喚起しているに過ぎない．実は，競争戦略と情報システム戦略の統合概念に関するフレームワークにおいては，この調整機能というものは，いわゆる情報統括役員(Chief Information Officer : CIO)の機能という問題に転嫁されてしまっている．

　しかし，役割期待マトリックスに基づいて，企業における情報システムの戦略的利用における成功の条件ということについて考えると，著者は，セルBお

第 3 章　戦略的情報システムの利用者視点からの再検討　83

○ 今後に要請される統合概念　　⬭ ポジショニング学派の統合概念

	経営戦略	情報システム戦略
利用者	A　主活動	B　支援活動
情報システム専門家	C　支援活動	D　主活動

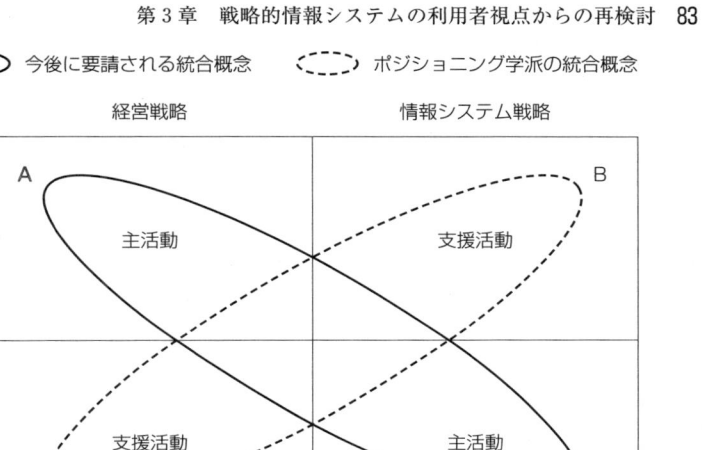

図 3.13　経営戦略と情報システム戦略の統合概念

よびセル C という 2 つの支援活動領域がきわめて大切と考える．

　情報技術の戦略的利用において，情報システム専門家ではない利用者が，自らの情報要求や情報システム要求を情報システム専門家に的確に伝えることは重要である．すなわち，利用者が情報システムの利用について有効なアイディアを出す，ということは当然ありうることである．というよりも必要である．また，情報システム専門家が利用者に対して情報システムの利用について経営戦略的なアイディアを出す，ということは当然ありうることである．というよりもこれも必要である．それを具体的にはどのように実現していけばよいのかという点については，第 7 章において議論することとしたい．

　情報技術の戦略的利用においてはもとより，どのような目的を有する情報システムであっても，これら 2 つの支援活動領域におけるコミュニケーションは，その成功要因の一つとなると考えられる．先に紹介した戦略的情報システムのためのフレームワークには，利用者ならびに情報システム専門家の役割期待についての動態的な観点が含まれていないのである．これは戦略的情報システム

論が寄って成り立っている基盤が，Porter に代表されるいわゆるポジショニング学派の主要な観点，すなわち，経営戦略は競争環境についての詳細な分析に基づいていくつかの代替案の中から戦略家が切り出してくるものという考え方からは，当然の帰結と考えることができる．

ここに敢えてこの役割期待マトリックスに即していえば，その統合とは，情報技術を利用した経営戦略の実現に向けてこれら4つのセルで表現される活動を組織的に方向づけていくことと理解することができるであろう．

(3) ビジネス・プロセスの実体についての理解の必要性

前節のフレームワークはいずれも，選択した戦略的ポジションを確保するために，実際に情報技術の適用領域を探すためのものである．それらのフレームワークは，実際には，さらに他のより操作的なアプローチと結びつけられていかなければならない．その代表的なアプローチの一つが，いわゆるビジネス・プロセス・リエンジニアリング（business process reengineering : BPR）であった．

たとえば，3.6節で戦略的情報システムの成功例としてアメリカン航空のSABRE を紹介したが，それが競争的市場において同社の優位性を高めることになった直接的な契機は，CRS 端末装置の旅行代理店への開放であったことは一目瞭然である．すなわち，CRS 端末装置の旅行代理店への開放によって，予約業務の主体がアメリカン航空の社員のみならず，旅行代理店のオペレータもその業務を担うことができるようになった．インターネットが普及した今日では，その機能を顧客自身が担うことになっている．すなわち，アメリカン航空のSABREにおける成功の一つの契機は，本来的に航空会社が担うべき機能を取引相手にシフトすることによって，取引当事者すべてがメリットを享受できる環境を，情報システムによって実現したという点に求めることができるのである．

もう一つの紹介事例であるアメリカン・ホスピタル・サプライ社のオーダーエントリ・システムにおいては，次のようなプロセスの変革が行われている．

本来であれば同社の社員が入力すべき「受注情報」を病院の発注担当者が入力する形になっている．実質的には病院の発注担当者がアメリカン・ホスピタル・サプライ社の「受注業務」を代行する形になっているのである．上述したように，アメリカン航空の場合も同様の代行が行われている．

Emery は「情報システムは，付加価値を生む機能を買手から売手へとシフトさせて，かつ両者に利益をもたらすための手段となりうる．（中略）機能のシフトはもう一方の方向，すなわち売手から買手という方向でも同様に起こり得る．」(Emery, 1987, pp. 297-298, 同訳書, pp. 409-410) と述べている．このような機能のシフトに代表されるプロセスの変革が，売り手と買い手双方に付加価値をもたらすことになる．すなわち，出張旅費の削減，過剰在庫の排除などが可能になり，結果，低価格を実現する．これは情報システムを使うことによって初めて可能になる．

この例が物語っているように，情報技術の戦略的利用を図っていくためには，ビジネス・プロセスそれ自体の改善方法にまで立ち入っていくことが重要である．

3.6　戦略的情報技術利用の一般理論構築への手掛かり

これまで，情報技術利用モデルの一つとしての戦略的情報システム概念の問題点について検討してきた．戦略的情報システム概念についての，ここまでの検討において得られる結論は次のようなものである．たとえば，アメリカン航空のSABREやアメリカン・ホスピタル・サプライ社のオーダーエントリ・システムの成功事例に見られるように，情報技術を競争的市場において優位なポジションを占めるために利用するという可能性は確かに存在する．それらの事例は，情報技術を使って取引プロセスあるいはビジネス・プロセスを変革あるいは組み替えることによって成功を収めた．すなわち，これらは，情報技術を競争優位性獲得のためのイネブラーとして利用することができた例といえる．

このような成功事例は他にも数多く存在することが当然予想される．しかしながら，そのような成功につながるような情報技術の戦略的利用を分析あるいは導出するためのフレームワークにはいろいろな限界が見られる．言い方を変えれば，フレームワークはなくとも，企業経営の現実の場面では意識するとしないとにかかわらず情報技術の戦略的利用がさまざまに試みられている．すなわち，それらのフレームワークは，十分には有効ではなかったということである．このようなわけであるから，もはやフレームワーク作りは止めたほうがよい，あるいは戦略的情報システム研究は止めにした方がよい，という考え方もある．

しかしながら，われわれとしては，実務の場での多様な情報技術の戦略的利用に焦点を当て，それらを整除し，さらにはより優れた利用に導くための戦略的情報技術利用のためのフレームワーク作り，あるいは理論化を進めていかなければならないと考える．その場合，その理論化の中に取り込んでいかなければならない視点は，「利用者視点」である．

「戦略性」に注目した情報技術利用モデルが，21世紀に入って叫ばれなくなった理由は，それが「理念」としてではなく，「モデル」として論じられたからであろう．その「モデル」の特徴は，それが経営戦略の専門家の視点からのものである，という点に求められる．そうではなく，情報技術の戦略的利用のためには，経営者の視点からの戦略的利用を実現するアプローチが必要である．すなわち，「モデル」としての戦略的情報システムを超えて，情報技術の戦略的利用を実現していくためには，上述のように，経営戦略—ビジネス・プロセス—情報技術の相互連関を意識した，利用者自ら情報技術の戦略的利用を考えていくことができるようなアプローチが確立されなければならない．この視点の重要性は，実は，第2章で取り上げた経営情報システムや意思決定支援システムにも当てはまる．

さらに，次のような視点を取り込むことも必要だと著者は考える．これまで，一応，情報技術利用モデルとして誕生した時期に沿って経営情報システム，意思決定支援システム，戦略的情報システムという順に考察を加えてきたが，こ

れらについての一応正しいフレームワークが存在するとして，それらは発展論的あるいは進化論的に捉えることは間違いである．「正しい」経営情報システム，「正しい」意思決定支援システム，「正しい」戦略的情報システム，そしてそれら以外の「正しい」〇〇〇システムがあったとして，それらは今日のわれわれに財産として与えられた知恵である．それらの知恵は，利用者自らが現実の企業経営の中で情報技術を利用する方法を構想し，実現するのに活用するのでなければならない．

　このように考えると，われわれが取り組むべき最終的な課題は，利用者視点に立ち，かつ「正しい」情報システム理念を包摂する経営情報システムの「一般理論」を再構築するという点に見出すことができる．

　このような一般理論が担うべき重要な役割は，利用者が，その視点を積極的，主体的に主張できるような情報システム計画・構築・運用のアプローチを提案することである．そのために早急に取り組むべき課題については，次章において指摘する．

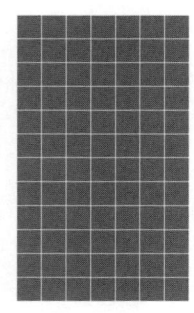

第4章
経営情報論再構築に向けての課題領域

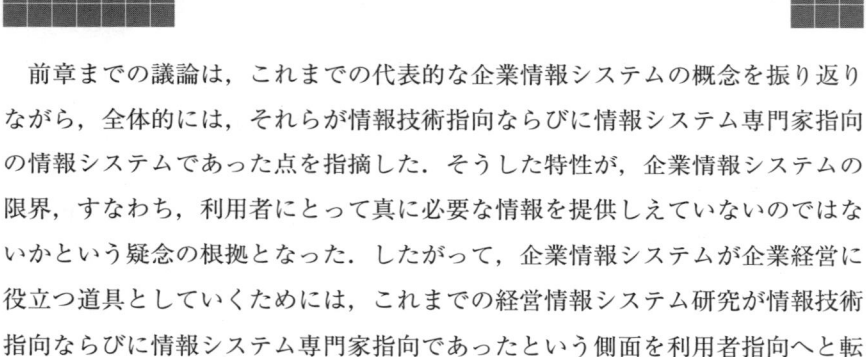

　前章までの議論は，これまでの代表的な企業情報システムの概念を振り返りながら，全体的には，それらが情報技術指向ならびに情報システム専門家指向の情報システムであった点を指摘した．そうした特性が，企業情報システムの限界，すなわち，利用者にとって真に必要な情報を提供しえていないのではないかという疑念の根拠となった．したがって，企業情報システムが企業経営に役立つ道具としていくためには，これまでの経営情報システム研究が情報技術指向ならびに情報システム専門家指向であったという側面を利用者指向へと転換をはかっていかなければならない．

　本章では，利用者指向の企業情報システムの意味を明確にし，そのような方向へと全体として経営情報システム研究をシフトさせていくにあたっての若干の論点と研究領域を指摘することとしたい．

4.1　利用者指向への視点の転換の必要性

　これまで，無定義的に"利用者"概念にたびたび言及してきた．ここで，利用者指向の経営情報論の再構築に向けての論点を整理していくに当って，この"利用者"概念を明確にしておきたい．

　本書における"利用者（user）"概念は，企業や教育機関などの公的組織における，情報システム部門や情報技術専門家以外の組織構成員を総称する意味で用いられている．したがって，このような意味での利用者は，組織を管理階層

の視点から眺めた場合，組織における最下層の構成員から最高経営管理者までを含む．また，この利用者には，組織を機能の視点から眺めた場合，生産，マーケティング，財務，人事など，情報システム部門以外のさまざまな部門に所属する構成員すべてが含まれる．さらには，ある組織が情報システム部門のような専門組織を持たず，情報システムの設計・開発・運用を完全にアウトソーシングしているような場合には，この組織全体が利用者ということになる．もちろん，ある組織構成員が利用者の範疇に括られるか，そうでないかは，その時点での職位に対して，情報技術専門家としての役割が期待されているかいないかに依存している．ある時点では，情報技術専門家としての役割期待を持つ組織構成員が，異動によって利用者としての役割期待が課されるようになるということも，大変望ましいことであるが，ありうる．

　利用者概念をこのように理解した上で，以下において，利用者の視点から経営情報論の再構築を図っていこうとする場合のいくつかの重要な論点を指摘しておくこととしたい．

　利用者指向の企業情報システムとは，情報技術活用の視点を優先するのではなく，情報活用の視点を優先するように設計・開発され，運用されているシステムを意味する．本書のタイトルである「利用者指向に基づく経営情報論の再構築」とは，企業情報システム，あるいは広く組織における情報システムに担わせるべき有効な機能を，情報技術活用の視点からではなく，情報活用の視点から実現していくことについての理論化を図ることを表している．

　そこで問題となるのは，情報活用の視点の意味を具体的にどのように捉えればよいのかという点である．情報活用の視点が貫徹されているとは，利用者自身が，業務遂行や意思決定に要求される情報を発見し，利用者が自らの意志で情報の活用を行っていくことができるよう，企業情報システムが組織の中で機能するようになっている，ということを表している．大切なのは，情報システムや情報技術それ自体ではなく，それらと利用者を構成要素とする機械－人間システムとしての組織コンテクストが，利用者の情報活用を促進するように機

能しているということなのである．

　われわれは，このような情報システム利用環境を理想とするような，組織コンテクストを実現することを最終課題とする方向での，経営情報論の再構築を目指していかなければならないと考える．

　実は，この目標は，まったく新しいものではなく，本来的には，経営情報論が目指すべきものであったはずである．しかし，この間，事態は，このような方向では推移してこなかったといえる．その理由の，すべてではないが，主要な部分は本書の2章と3章で言及した．それらの理由の根源にある問題を指摘するならば，それは，利用者の情報技術活用能力の向上が第一義に考えられ，利用者の情報活用能力の向上が第二義的にしか考えてこられなかった，という点である．このことは，換言すれば，企業における情報システムの設計・開発・運用が，いわゆる情報システム部門あるいは情報技術専門家の視点から進められてきたことを意味する．

　これまでの経営情報論は，どちらかといえば，企業における情報システム利用のさまざまな経験を情報技術活用視点から整理したり，それらの経験を整理するためのフレームワークを用意したり，あるいは将来における情報技術利用の可能性を予測する，といったところに，その学問的関心を見出そうとしてきた．

　これまでの経営情報論のこうした特徴が，本来的には実践的学問であるはずの経営情報論の魅力を損なったり，経営者の関心をつなぎとめることに失敗する要因となっていたと思われる．いま，われわれは，これまでの経営情報論の限界をこのように理解した上で，その再構築の方向性を探っていかなければならない．その場合，以上の議論から，情報活用の視点から経営情報論の再構築を図っていくに当っては，まず，「情報活用」の意味について明確なイメージを持っておくことが必要と考える．

　これまでの企業における情報システムの利用研究の歴史において，この「情報活用」概念について体系的な分析がなされてきたとは決していえない．した

がって，上述の方向での経営情報論の再構築を目指していくためには，改めて「情報活用」の意味について議論しておく必要がある．次節では，この問題について検討を加えることとする．

4.2 情報活用能力と情報リテラシ

上述のように，企業情報システムの実践において，情報活用視点から企業情報システムの有効な利用を図っていくためには，まず，「情報活用」概念の明確化を図っておかなければならない．

いま，われわれは，企業経営の文脈において「情報活用」を議論しているが，それは，より包括的な概念としての「情報リテラシ（information literacy）」概念に包摂されるものと考えられる．

情報リテラシ概念が注目を浴びるようになったのは，Zurkowskiが，「自分たちの仕事に情報源を活用し，また，問題解決への情報源の利用のみならず，さまざまな情報ツールを利用するための技法やスキルを学んでいる人々」を指す言葉として，"情報に関する読み書き能力を持つ個人（information-literate individuals）" という表現を用いたのが最初とされる（Zurkowski, 1979）．これを契機として，その後，情報リテラシ概念についてのさまざまな定義が試みられていく．この情報リテラシの涵養は，欧米諸国はもとより，わが国においても学校教育機関における，いわゆる情報教育の目標に位置づけられてきた．

この情報リテラシ概念については，後に，ACRL（Association of College and Research Libraries）が『高等教育のための情報リテラシ能力標準』（ACRL, 2000）を作成した．さらにそれを下に，ANZIIL（Australian and New Zealand Institute for Information Literacy）とCAUL（Council of Australian University Librarians）が共同で『オーストラリア・ニュージーランド情報リテラシフレームワーク―原則・標準・実践―（Australian and New Zealand Information Literacy Framework : Principles, Standards and Practices）』（2004）を発行した（以下，

ILF と略記）．これらのガイドラインやフレームワークは，各学校教育機関や社会教育における情報リテラシ教育のカリキュラム編成のガイドラインとして利用されてきた．これらの情報リテラシ教育のガイドラインで取り上げられている標準は，われわれがいま問題としている情報活用能力概念を理解する上で役に立つと考えられるので，以下，それについて簡単に触れておくこととする．

まず，ILF は，全体的には，情報リテラシを，「情報を理解し，発見し，評価し，そして利用することに対する必要性を認識するための知的フレームワーク」(ANZIIL and CAUL, 2004, p.4) と捉えている．その上で，ILF は，「情報リテラシを備えた人物 (information literacy people)」として，具体的に次のようなイメージを提案している．

① 新しい意味，理解および知識を構成することを通して自立的学習に取り組む
② 情報を上手に使って満足や個人的達成感を引き出す
③ 個人的，専門的および社会的課題に取り組む中で意思決定や問題解決のために，情報を個人かつ集団で探索し，利用する
④ 生涯学習および共同体参画への関与を通して社会的責任を実践する

ILF は，このような情報リテラシを備えた人物像を想定した上で，そうした人物像と見なしうるための 6 つの「中核となる標準 (core standards)」といわれるものを提起している．ILF は，また，それぞれの標準について複数の学習目標 (learning outcomes)，さらには学習目標それぞれについて，教育の文脈におけるさまざまな具体例を示している．紙幅の都合により，ここでは，表 4．1 のように 6 つの標準とそれぞれの学習目標のみを示しておく．

6 つの標準は，情報リテラシ概念が，いまわれわれが取り上げている情報活用概念と同義であるとする見解を裏づけるに足る，いくつかの示唆的な内容を含んでいる．その根拠とは，以下の 2 点である．

第 1 に，情報リテラシ概念は，明らかに，利用者視点に立脚している，という点が理解できる．

表4.1　情報リテラシ標準

標準	定　義	具体的学習目標
1	情報リテラシを備えた人物は，情報ニーズを認識し，必要な情報の範囲と性質を決定する	1.1　必要な情報を定義し，表現する 1.2　多様な情報源の目的，範囲および適切さを理解する 1.3　必要な情報の性質と範囲を再評価する 1.4　多様な情報源を使って決定を伝える
2	情報リテラシを備えた人物は，必要な情報を有効かつ効率的に見つける	2.1　情報を探索するための，最もふさわしい方法や道具を選択する 2.2　有効な探索戦略を組み立てて，実行する 2.3　適切な方法を使って情報を獲得する 2.4　最新の情報源，情報技術，情報へのアクセス方法，調査方法を理解する
3	情報リテラシを備えた人物は，情報および情報探索過程を批判的に評価する	3.1　獲得した情報の有効性と関連性を評価する 3.2　情報を評価するための基準を定義し，適用する 3.3　情報探索過程を反芻し，必要に応じて探索戦略を改善する
4	情報リテラシを備えた人物は，収集あるいは生成した情報を管理する	4.1　情報とそのソースを記録する 4.2　情報を組織化（順序付け・分類・蓄積）する
5	情報リテラシを備えた人物は，新しい概念を構成したり，あるいは，新たな理解を創造するために先験的および新しい情報を利用する	5.1　情報の付加価値，矛盾あるいは他のユニークな特性を決定するために新たな理解を先行知識と比較し，統合する 5.2　知識および新しい知識を効果的に伝達する
6	情報リテラシを備えた人物は，情報の利用を巡る文化的，倫理的，経済的，法的および社会的問題を理解して情報を利用し，また，それらの課題を認識する	6.1　情報へのアクセスやその利用に関連する文化的，倫理的，および社会経済的問題を理解する 6.2　情報は価値や信念に裏づけされているということを認識している 6.3　情報へのアクセスやその利用に関係する慣習やエチケットを遵守する 6.4　テキスト，データ，イメージあるいは音声情報を法を遵守して入手する

出所：ANZIIL and CAUL (2004), pp.12-23.

上の6つの標準に示されているように，情報リテラシ概念は，明らかに，利用者すなわち生活者が情報社会において生活や仕事を豊かに送っていくための，生涯を通じて涵養がはかられていかなければならない，いわゆる"読み書き能力"を表している．Shapiro and Hughes (1996) は，先の Zurkowski が提起した情報リテラシ概念の定義を受けて，それをいわゆるリベラルアート (liberal art) と表現している．それは，情報リテラシ概念が，利用者視点の重要性の表明と理解することができる．

第2に，情報リテラシ概念は，情報技術活用の視点よりも，情報活用の視点を重視している点を指摘することができる．

どのように先進的でかつ高度な情報技術や情報システムを利用していたとしても，そのこと自体が日常生活や企業経営にとって有効な情報自体を利用できているということの証左にはならない．情報技術に習熟している，情報システムの運用に関する知識を有している人々が，情報を有効に活用しているとは限らない．あるいは，同じことであるが，情報を有効に活用している人は，つねに情報技術を駆使していたり，情報システムに依存しているわけではない．われわれに要求されるのは，情報利用についての方針や戦略をまず確立した上で，それらの観点から必要な情報技術の種類や特性，あるいは情報システムの仕様を特定していくという視点である．

このような視点の設定に関連して，情報リテラシ概念とコンピュータリテラシ (computer literacy) 概念を区別することは大切である．上述のように情報リテラシの視点と情報活用の視点が同義と見なしうるならば，コンピュータリテラシの視点は，情報技術活用の視点に対応するものと考えることができる．ILFでは，コンピュータリテラシは，ソフトウェアやハードウェアについての学習という位置づけがなされている (Ibid., p.4)．したがって，先の情報リテラシの定義と合わせ考えると，それは，コンピュータリテラシを一部として含む知的能力と理解されている．したがって，論理的には，コンピュータのハードウェアやソフトウェアについての知識がなくとも，情報リテラシを備えた人間

第4章　経営情報論再構築に向けての課題領域　95

も存在しうる，ということになる．現実に，そのような能力を持った人々によく出会う．

　反対に，経営情報論の側から，情報リテラシ概念がどのように理解されてきたかという点については，たとえば，McLeod, Jr. の次のような言及が参考になる．

　McLeod, Jr. は，情報リテラシを，問題解決プロセスのそれぞれの段階で情報をどのように利用すればよいのか，その情報をどこで入手すればよいのか，また，その情報を他人とどのように共有すればよいのか，といった点などについての理解力，という捉え方を示している（McLeod, Jr., 1995, p.12）．このような理解は，ILF にも提起されているような，いわゆるリベラルアートとしての情報リテラシ概念に対する理解と同じである．

　一方，McLeod, Jr. は，コンピュータリテラシ概念については，今日の世界で役割を果たしていく上で必要とされるコンピュータに関する知識という理解を示している（Ibid., p.12）．具体的には，コンピュータ用語についての理解，コンピュータの強みや弱みについての認識，コンピュータを利用する能力（必ずしもプログラマが必要とするものではない）などが該当する．経営の文脈におけるコンピュータリテラシ概念に対する理解も，ILF の理解に一致する．

　そして，McLeod, Jr は，「情報リテラシは，コンピュータリテラシに依存しない．管理者は，情報リテラシを持ちうるが，コンピュータリテラシは持たないということもありうる．事実上，どちらかを選べと言われれば，情報リテラシの方がより重要である．しかし，理想的には，情報リテラシとコンピュータリテラシの両方を持つことが望ましい．」（Ibid., p.12）と述べている．

　このように，McLeod, Jr. に代表的に述べられているような情報リテラシ重視の立場は，われわれの情報活用の視点に通じる立場と考えることができる．

　以上から，本書の基本的な立場である，情報技術視点からではなく，情報活用視点から企業情報システム再構築の方向を探るといった場合の「情報活用」とは，「情報リテラシ」を意味すると考える．情報リテラシ概念は，利用者指

向ならびに情報活用視点から経営情報論の再構築を図っていく場合に，利用者に求められる情報活用のあり方を考える場合の基本概念として位置づけることができる．この認識を前提として，次なる課題は，「利用者指向に基づく経営情報論の再構築」を具体的に進めていくに当って検討を加えておかなければならない分野を抽出していくことである．

4.3 経営情報論再構築の3つの課題

前節では，利用者指向に基づいて経営情報論の再構築を試みていくに当って，まず検討しておかなければならない「情報活用」の意味について考察した．本節では，情報活用の視点から経営情報論の再検討を試みるに当って，重要な課題となりうる3つのテーマについて指摘を試みたい．

4.3.1 経営情報論再構築に向けてのEUCの再評価

利用者による情報活用視点を経営情報論の再構築に向けての一つの重要な観点と考えるならば，利用者の情報活用能力を高めるための，情報技術や情報システムの利用についての運動論を経営情報論に組み込んでいかなければならない．その運動論の核として，いわゆる"エンドユーザ・コンピューティング(end-user computing：EUC)"概念に着目することができる．エンドユーザ・コンピューティングとは，第7章において詳述するつもりであるが，1980年代に企業において喧伝された，ユーザ部門自ら，情報技術や情報システムの利用環境を構築していこうという運動である．

一般に，情報技術や情報システムの性能や"威力"に依存するのみでは，それらは，業務プロセスの円滑な遂行，経営意思決定あるいは経営戦略の遂行において有効な機能を発揮するとは限らない．それらが有効に機能するためには，本質的には，利用者が情報活用を図る過程をより創造的に支援することができるように企業の中で位置づけられていなければならない．あるいは，利用者自

第4章　経営情報論再構築に向けての課題領域　97

身がそのような情報活動における主体的意志を確立しているかどうかという点が重要である．

　情報技術や情報システムは，利用者の情報活用を抑制する方向に働くようなものであってはならない．ここで，情報技術や情報システムが利用者の情報活用を抑制する方向に働くとは，次のようなことをさす．

　たとえば，情報システムが，機能的には最先端のハードウェアやソフトウェアを組み込んでおり，情報システム専門家の知識の粋を凝らして"理論的"に仕様設計が行われ，したがって，業務プロセスの革新に貢献しうると推定されても，当然のことであるが，利用者がそのシステムに対して"関与"や"理解"を有することができなければ，それは実質的にガーベッジ化する．この点については，第1章で言及したとおりである．

　逆に，そのシステムが，仕様的には最先端のハードウェアやソフトウェアを組み込んでいるとは決していえずとも，そのシステムに対する利用者の"関与"や"理解"の程度が高ければ，彼が自らの業務プロセスにおいて十分な情報活用を図ること，すなわち情報活用能力が向上する．

　エンドユーザ・コンピューティングは，単に，ユーザ部門の社員が情報システムを使って情報処理を日常的に行っている，という以上の意義を組織において持っている．エンドユーザ・コンピューティングの意義は，利用者が日々の業務遂行の中で情報技術や情報システムに触れる中から，業務改善や情報システム改良についての着想を促進させる点に見出すことができる．

　「利用者指向に基づく経営情報論の再構築」作業に当っては，利用者の情報活用能力を増進するための運動論として，エンドユーザ・コンピューティングの役割を積極的に評価したいと考える．第3章において，情報技術や情報システムの戦略的な活用，すなわち戦略的情報システム概念が経営情報論の重要な焦点となりうる点に言及した．エンドユーザ・コンピューティングは，情報技術の戦略的利用を図っていく場合の創発的手段としての意義を有している．企業は，エンドユーザ・コンピューティングの，そのような意義を理解して，エ

ンドユーザ・コンピューティングを組織内に浸透させていくことが必要である．それらの戦略的な活用の着想を得るためには，情報技術や情報システムに対する利用者の主体的な参画が必須である．

　そこで，第5章では，"創発的なエンドユーザ・コンピューティング"という観点から，情報活用視点に立脚する経営情報論再構築に向けての，一つの課題領域を示すこととしたい．

4.3.2　情報品質研究への着手

　情報技術視点ではなく，情報活用視点に立脚する，情報技術や情報システムの利用においては，情報それ自体の，利用者の活用目的にとっての適合性を評価する必要性が生じる．第6章において詳述するように，この適合性は，一般的には"情報品質（information quality）"とよばれる．「利用者指向に基づく経営情報論の再構築」の試みに着手するに当っては，情報品質評価方法に関する包括的フレームワークについての研究も，主要な柱として含まれていなければならない．

　これまでの経営情報論において，利用者の側からの情報の適合性，つまり情報品質がまったく取り上げられてこなかったわけではない．この情報品質概念に近いものとしては，いわゆる"情報ニーズ（information needs）"概念がある．しかしながら，この情報ニーズ概念が生まれてくる背景は，いまわれわれが適合性を議論の対象とするにいたる背景とはまったく異なるといってよい．

　情報ニーズ概念は，基本的には，情報活用視点と対極にある情報技術視点に立脚した概念装置といえる．情報ニーズは，情報システム開発ライフサイクルにおいて，情報システム専門家が利用者から"聞き出す"対象としての情報である．あるいは，利用者の側からすれば，情報システム専門家から問いただされる情報である．また，情報ニーズ概念は，しばしば，"情報処理要求"という意味で使われることもある．

　このように，一般的には，情報ニーズは，情報技術視点に立脚した概念であ

る．そして，この情報ニーズを利用者から聞き出すためのいろいろなテクニックが，情報システム専門家の手によって開発されてきた．この場合，一般的には，利用者は受動的な立場におかれてきた．

　これに対して，情報品質概念を取り上げる視点は，上の情報ニーズ概念の視点とは正反対といってよい．すなわち，情報品質は，行動目的に対する情報の有効性を利用者自身の主体的問題として評価を試みようとする視点である．このような視点での情報品質研究は，まさしく，利用者指向に基づく経営情報論の主要な領域の一つを形成するものと考えることができる．最終的には，経営情報論は，利用者が情報品質を適切に評価するための包括的なフレームワークを用意し，情報の有効活用を図っていくための方法論を提供しなければならない．

　本書は，その研究戦略を次のように考えたい．

　先に触れたように，われわれは，企業が情報技術や情報システムの戦略的活用に成功するためには，利用者の創発的エンドユーザ・コンピューティングの環境が組織内に出来上っていなければならないと考える．その場合，創発的エンドユーザ・コンピューティングの環境が組織内に浸透しているかどうかを客観的に評価する必要が出てくる．そのための有力な基準は，利用者がエンドユーザ・コンピューティングによって，"品質の高い情報"を利用することができるようになっているかということである．この問題は，文字通り情報品質問題そのものである．すなわち，情報品質概念を，エンドユーザ・コンピューティングの環境が実現できているかどうかをみるための基準という観点から，経営情報論の中に位置づけていくことができる．

　第2章において，経営情報システムに対する大きな疑問の一つが，利用者が必要とする情報を提供していない点に求められることを指摘した（p.40）．この疑問は，まさしく情報品質評価問題を経営情報論における研究領域の一つとして取り上げる意義を明確にしていると考えることができる．第6章では，情報品質評価問題が，利用者指向に基づく経営情報論の再構築を試みていこうと

する場合の重要な研究領域になりうるという点を明らかにする．

4.3.3 利用者教育の再検討

「利用者指向に基づく経営情報論再構築」を目指していくには，当然のことながら，利用者に対する情報教育をどのような観点およびカリキュラムによって展開していけばよいのか，という点についての体系的な研究が進められていかなければならない．

これまでの企業における従業員に対する情報教育の実体について，いくつかの問題点を指摘すると次のようになる．

第1に，企業におけるこれまでの情報教育は，どちらかというと，情報活用能力あるいは情報リテラシ能力の向上を図る教育ではなく，むしろ，情報技術や情報システムに対する普及啓蒙を図るといった視点からのものであった．そこでは，それらの性能や潜在的"威力"が喧伝されるのみであった．その場合，その威力が利用者の日々の活動において具体的にどのように係わり合いを持っているのか，ということについては，利用者自身の理解に任せられた．

本章の前半において，情報リテラシ概念とコンピュータリテラシ概念の相違について言及したが，企業におけるこれまでの経営情報教育は，どちらかといえば，コンピュータリテラシ教育に名を借りた経営情報教育であった．情報リテラシ教育としての経営情報教育は行われてこなかった．

第2に，上の指摘と大いに関係するのであるが，コンピュータリテラシ教育としての経営情報教育プログラムは，企業の情報システム部門あるいは情報技術の専門家主導で編成され，実施されることが多かった．

コンピュータリテラシ教育としての経営情報教育では，専門的かつ高度な情報技術や情報システムを比喩や事例を交えながら"やさしく"解説することが試みられた．また，非常に重要な技術であってもその理解にはかなり数学やコンピュータ・サイエンスについての専門的知識が要求されるような場合には，それを省略することが行われた．その結果，利用者の頭の中には，情報技術に

ついての断片的な知識の集積が出来上る，といった様相を呈してきた．

　第3に，これまで，企業における経営情報教育と教育機関におけるそれとが，十分に連携しあえていない点を指摘することができる．これは，社会的非効率あるいは損失でもある．

　もちろん，要求される情報活用能力の種類と水準は，企業における業務の種類や性質，あるいは会社が属する業界によって大いに異なってくる．したがって，産業界において要求される経営情報教育や情報活用能力の多様な内容と，教育機関におけるそれらとの間に関係づけを図ることは非常に困難であった．したがって，両者の間で，必要な情報活用能力のマッピング作業は体系的には行われてこなかったといえる．しかしながら，実業界と教育機関との間で経営情報教育あるいは情報活用教育のマッピング作業を行っていかなければならないと考える．

　いま，われわれは，企業におけるこれまでの情報技術視点に陰に陽に立脚した経営情報教育に変わる，情報活用視点に明確に立脚した経営情報教育の内容を明らかにすることを「利用者指向に基づく経営情報教育の再構築」作業の重要な柱と位置づけていかなければならないと考える．そのための契機をわれわれは探し求めなければならない．そのための方略について，第7章において触れることとしたい．

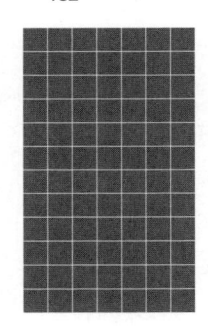

第5章
創発的方法としてのEUC[1]

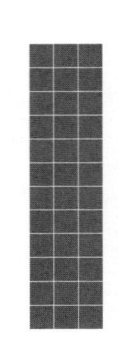

5.1 はじめに

　情報技術は，企業の競争優位形成の有力な手段になりうる．たとえば，前章で触れたようにアメリカン航空の座席予約システム SABRE やアメリカン・ホスピタル・サプライ社のオーダーエントリ・システム ASAP などが，その代表的成功事例といわれてきた．すなわち，それらは，それぞれの市場における競争関係を変えてしまうほどに情報技術が影響力を持った事例として，しばしば参照されてきた．情報技術が持つこのような可能性を表す概念として，戦略的情報システム概念が1980年代に注目を浴びたのであった．また，わが国においてはいわゆる「SIS ブーム」が巻き起こったことも記憶に新しい．

　一般論として，企業が，情報技術が競争戦略の構築に重要な役割を果たしうるということに期待を持ったとしても，その期待は必ずしも実現されるものでもない．むしろ，期待が実現されない確率の方が高い．また，「実現」されたとしても，期待された成果を達成できていない事例や，場合によっては企業の存続を危うくした事例も存在する．1980年代後半にいわゆる「生産性パラドックス仮説」（Solow, 1987；Strassmann, 1990）が注目を浴びたが，この仮説

---

[1] 本章は，八鍬幸信（2008）「戦略情報システム実現のための創発的方法としてのEUC」『経済学研究』（北海道大学），第57巻第4号をもとに加筆・修正したものである．

に触発される形でわが国においても情報技術の戦略的利用についての評価を試みる研究がいくつか登場した（遠山，2003；島田・遠山，2003）．著者は，情報技術の戦略的な利用は依然として経営情報システム研究における重要な研究領域と考えている．重要な点は，過去におけるさまざまな悲観的な評価や批判を受け止め，改善しつつ，一方でこの間のあらたな情報技術環境やさまざまなその利用に関わる概念の有効性を問い直しつつ，情報技術の戦略的利用の可能性を探っていくことである．

本章の目的は，このような立場から，情報技術の戦略的利用を図っていくための一つの鍵と考えられるエンドユーザ・コンピューティング（end-user computing：EUC）に着目し，その意義と限界を経営戦略理論的枠組みの中に配置して考察を試みようとする点にある．

5.2 EUCの定義

1980年代に入ると，情報システム部門，情報管理部門，EDP部門などさまざまな呼び方があるが，情報システムに関わる専門部署主導の設計・開発・運用体制に対するアンチテーゼとして，いわゆるエンドユーザ・コンピューティングとよばれる情報技術利用のあり方に関わる動きが出てきた．

エンドユーザ・コンピューティングとは，全体的にはエンドユーザ，すなわち企業における情報処理の専門家ではなく，さまざまな機能部門の利用者が自分たちの情報ニーズを満たすために自立的に情報技術を利用することをさしている．エンドユーザ・コンピューティングの概念は，情報技術の利用に関わる他の概念と同様に，明確な定義を行うことは困難であり，いろいろな定義が試みられている．その定義が多義的になる理由は，おそらく，定義者が，図5.1に示されている職能部門，組織階層および情報システムへの関与度という3つの次元あるいは座標軸の値の組をどこに置くかということについて見解が分かれるという点に求めることができる．

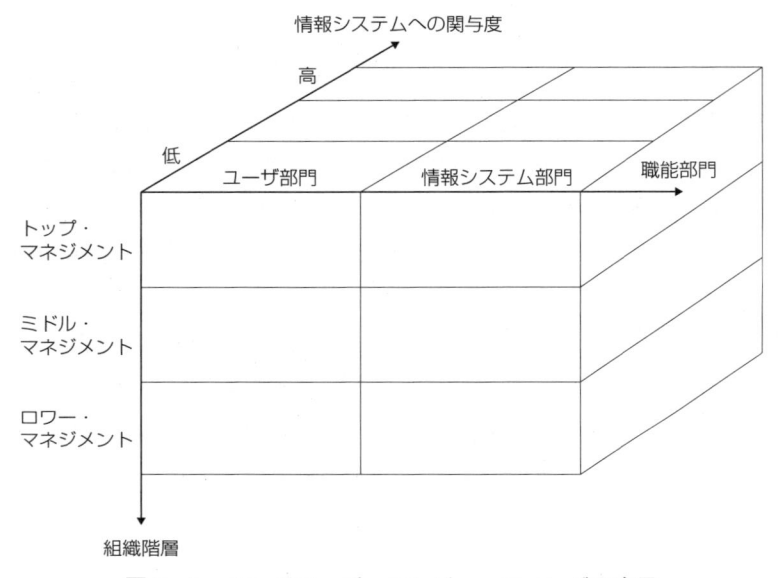

図5.1　エンドユーザ・コンピューティングの次元

　まず，第1の次元であるいかなる職能部門における情報技術利用なのかという点に関しては，エンドユーザ・コンピューティングは，文字通り，製造，販売あるいは会計といった機能部門に所属する組織構成員によって担われるものである．もちろん，ユーザ部門と情報システム部門それぞれの構成員は固定的なものではなく，組織におけるジョブローテーション，ジョブエンリッチメントあるいは人事異動によって流動的なのが普通である．また，「エンドユーザ」は，必ずしも一人の人格ないしは個人をさすとは限らず，企業組織におけるさまざまな作業集団（たとえば，プロジェクトチーム，委員会など）やさまざまな機能部門をさす場合がある．

　また，第2の次元として組織階層も，エンドユーザ・コンピューティングを考える場合の重要な着眼点である．あらためて断るまでもなくエンドユーザ・コンピューティングは，組織階層あるいは管理階層のすべてのレベルで行われている．さらには，第3の次元として情報技術への組織構成員の関与度にも着

目しなければならないであろう．この次元については，多様な見方がある．たとえば，McLeod Jr. は，エンドユーザのタイプを表5.1のようにメニューレベル・エンドユーザ，コマンドレベル・エンドユーザ，エンドユーザ・プログラマおよび機能支援要員の4つに整理している．また，Turban, McLean and Wetherbe は，表5.2に示されているようにノンプログラミング・エンドユーザ，コマンドレベル・ユーザ，エンドユーザ・プログラマ，機能支援要員，エンドユーザ・コンピューティング支援要員，プログラマの6つに整理することを試みている．

実は，第3の次元に対して抱く定義者のイメージの多様性が，エンドユーザ・コンピューティング概念の多様性を生む大きな理由になっていると考えられる．

たとえば，Sprague, Jr. and McNurlin (1986, p. 285) は，「エンドユーザ・コンピューティングは，データ処理スタッフであるシステム専門家の手を借りた間接的な利用ではなく，エンドユーザによるコンピュータの直接的・実地の利用である．」と定義している．すなわち，Sprague, Jr. and McNurlin が理解するエンドユーザ・コンピューティングというのは，エンドユーザがコンピュータを直接操作し，情報の検索や加工を自分で行うことをさしている．こ

表5.1　エンドユーザ・コンピューティングのカテゴリーその1－

カテゴリ	説　明
メニューレベル・エンドユーザ (Menu-Level End Users)	あらかじめ用意されたメニューの中から必要な機能を選ぶ形でのみコンピュータを利用するユーザ
コマンドレベル・エンドユーザ (Command-Level End Users)	単にメニューの選択レベルに留まるのではなく，あらかじめ出来上がっているソフトウェアを利用することができるレベルのユーザ
エンドユーザ・プログラマ (End-User Programmers)	エンドユーザではあるが，プログラミング言語を実際に使ってソフトウェアを開発できるレベルのユーザ
機能支援要員 (Functional Support Personnel)	特定のユーザ部門にあってその部門に固有の情報ニーズに応える情報処理の専門家

出所：R. McLeod, Jr. (1995), p. 44.

表5.2　エンドユーザ・コンピューティングのカテゴリーその2－

カテゴリ	活　動
1．ノンプログラミング・エンドユーザ （Nonprogramming end users）	データ入力、アプリケーション利用
2．コマンドレベル・ユーザ （Command-level users）	データへのアクセス、報告書印刷
3．エンドユーザ・プログラマ （End-user programmers）	個人利用目的のアプリケーション開発
4．機能支援要員 （Functional support personnel）	他人利用目的のアプリケーション開発
5．エンドユーザ・コンピューティング支援要員* （End-user computing support personnel）	訓練、ホットライン、アプリケーション開発
6．プログラマ* （Programmers）	契約ベースでの作業

＊注：支援要員とプログラマは、典型的には作業集団の被雇用者ではない．
出所： E. Turban, E. McLean and J. Wetherbe（2002），p. 628.

　の定義に当てはまるエンドユーザは，表5．1では，メニューレベル・エンドユーザ，コマンドレベル・エンドユーザ，エンドユーザ・プログラマに当り，表5．2ではノンプログラミング・エンドユーザ，コマンドレベル・ユーザ，エンドユーザ・プログラマに当ると考えられる．

　一方，エンドユーザ・コンピューティングを最も広義に解釈する例としては，たとえばEmery（1987，p. 2，同訳書，p. 287）の「コンピュータのプログラミングや運用がその結果作成される情報の最終利用者の組織境界内で行われる場合に，エンドユーザ・コンピューティングが存在するといえる．」という定義をあげることができる．すなわち，この定義によれば，たとえば，経営管理者が自分の部下に命令して情報システム部門が開発した情報システムから意思決定に必要な情報を出力させる，というようなコンピュータの間接的な操作もエンドユーザ・コンピューティングに含まれる．この例のタイプのエンドユーザは，表5．1にも表5．2にも出てきていない．しかし，このタイプも合わせて，

表5．1ではメニューレベル・エンドユーザ，コマンドレベル・エンドユーザ，エンドユーザ・プログラマが，表5．2ではノンプログラミング・エンドユーザ，コマンドレベル・ユーザ，エンドユーザ・プログラマが，エンドユーザに当ると考えられる．

5.3 EUCの背景

エンドユーザ・コンピューティングが注目を浴びるにいたる背景としてはいろいろな要因をあげることができる．さまざまな研究者がいろいろな整理をしている（たとえば，Sprague, Jr. and McNurlin, 1986；Turban, McLean and Wetherbe, 2002など）．これらの研究から，最大公約数的な知見を整理すると，おおよそ次のような点がエンドユーザ・コンピューティング普及の背景と考えられる．

(1) 情報システムに対する開発ニーズの増大

まずは，そもそも，ますます競争的になってきた市場環境の変化に的確かつすばやく対応するために情報システム部門に対するシステムの開発依頼が増加した．開発案件の急増に対していわゆる開発バックログ（開発案件の積み残し）が数多く発生するようになった．開発需要の増大に伴うバックログの大量発生がエンドユーザ・コンピューティングを促進することとなった．

このように，開発要請はあるが先送りになっている案件あるいはアプリケーションの他に，顕在化はしていないが，もし情報システム部門にシステム資源の余裕があったならば開発していくことができたであろうような潜在的な案件もあるはずである．Sprague Jr. and McNurlin (1986, p. 288) は，前者のタイプのバックログを「可視的バックログ（visible backlog）」，後者のタイプのそれを「非可視的バックログ（invisible backlog）」とよんでいる．非可視的バックログも考慮に入れるならば，膨大な数の情報技術利用の機会を見逃してしまっているということになる．

可視的バックログの解消はもちろんのこと，非可視的バックログの発掘に取り組んでいくためには，エンドユーザが自らの手で情報システム開発に関わっていかざるを得なくなっていったのでる．

(2) 経営指向のシステム開発

一般的には，ユーザ部門の方が情報システム部門よりも，当該企業におけるさまざまなビジネス・プロセスについての理解度が高い．したがって，ビジネス・プロセスに通暁したユーザ部門が，情報システム部門を頼ることなく，自前の情報処理環境を構築していこうというのはきわめて自然な流れであろう．

また，従来，情報システム部門は受発注データの処理，販売実績レポートの出力，給与計算処理などといった定型的業務処理のための情報システムの開発・運用管理を担ってきていた．したがって，情報システム部門は新製品の設計支援，設備投資計算といった非定型的情報処理要求に対しては的確に対応していくことができなかった．この点からも，非定型的意思決定領域に属する業務の情報システム化はユーザ部門が主体的に担っていく，という動きが出てくるのは当然のことといえる．

また，経営管理者は，一般論として，専門家集団としての情報システム部門に対してよりも，ユーザ部門に対しての方が統制を効かせやすいと考えられる．経営管理者の統制に関するこうした傾向が，エンドユーザ・コンピューティングを推進する要因の一つとなる．

(3) 情報技術の進歩

当然のことながら，情報技術の進歩もエンドユーザ・コンピューティング普及の重要な要因の一つとしてあげられる．情報技術の進歩については，3.2節でも戦略的利用に関連して触れた．ここでは，エンドユーザ・コンピューティングの促進要因の観点から整理しておく．

(a) ハードウェアの価格性能比の向上

パーソナル・コンピュータやワークステーションの価格性能比が格段に向上したことによって，エンドユーザはそれぞれの情報処理ニーズに合わせたコン

ピュータの利用環境を用意できるようになった．また，コンピュータの性能向上によって，エンドユーザは後述のユーザとの親和性の高い高性能のソフトウェアやアプリケーションを高速で実行することが可能になった．

(b) ソフトウェアの多様化

エンドユーザ・コンピューティングに対する関心が高まってきた背景の一つとして，それを支えるいろいろなソフトウェアが登場してきた点をあげることができる．特に，パーソナル・コンピュータ上での，エンドユーザがそれほど専門的知識を持つことなく利用可能な，スプレッドシートあるいは表計算ソフトウェア，あるいは，関係データベース・ソフトウェアなどの第4世代言語の登場は，エンドユーザを，それまでのアルゴリズム指向のプログラミング作業から解放する上で大きな役割を果たした．

(c) 情報システム設計・開発手法の進歩

エンドユーザ・コンピューティングを促進することになった情報技術側のもう一つの要因として，情報システム設計・開発手法の進歩をあげることができる．エンドユーザ・コンピューティングが普及していくためには，それに適した情報システムの設計・開発アプローチも不可欠である．

まず，将来についての市場環境予測を前提とした，伝統的なシステム開発ライフサイクル（system development life cycle：SDLC）・アプローチ，あるいは，ウォーターフォール（waterfall）・アプローチに代わって，第4世代言語を前提としたプロトタイピング（prototyping）・アプローチとよばれる，エンドユーザ指向のシステム設計・開発アプローチの発展があげられる．

プロトタイピング・アプローチは，エンドユーザ自ら（もちろん情報システム部門でもかまわないが）が認知範囲に応じて作成した小規模あるいは限定的なプログラム，つまり手本（prototype）から出発して，状況の変化やエンドユーザの学習レベルや習熟レベルの向上に合わせて情報システムを逐次的に進化させていくという考え方である．手本自体は，初期段階では機能が限定的であるが，その範囲内においては十分に業務でも使えるというものである．この

進化的な特徴こそが，エンドユーザ・コンピューティングの戦略的利用の必要条件としての役割を果たすことになると思われる．

後述のように，情報システムは本質的に環境に対して開いたシステムである．ましてや，それが競争戦略の形成に貢献することを目指すものであるならば，ますます環境依存的となる．換言すれば，将来の完全な市場環境予測を前提としたウォーターフォール・アプローチに基づく情報システム設計・開発はかなり無理があるといえる．このようなアプローチは，遠山（2007）が批判の対象としている，技術決定論に依拠する，自己完結的な情報技術利用の観点を内包するものと考えることができる．プロトタイピング・アプローチは，こうした伝統的なアプローチを克服するエンドユーザ指向のアプローチといえる．

また，第3世代の手続き型言語やアルゴリズム中心アプローチに代わるデータ中心（data-oriented）アプローチの登場もエンドユーザ・コンピューティングを促進することに貢献した．データ中心アプローチとは，エンドユーザの日常的な業務で使われるデータあるいは情報そのものに注目して，そのデータや情報に関わりを有する主体，それらのデータや情報に対して加えられる処理などの間の論理的な関係を，ERモデル（entity-relationship model）やER図（entity-relationship diagram）を利用して整理し，データベースとそのアプリケーションによって，情報システムを構築するアプローチである．SQLに代表されるデータベース利用の第4世代言語との組み合わせによって，プロトタイピングが格段に容易になる．

(d) クライアント・サーバ・コンピューティングの普及

エンドユーザ・コンピューティングが普及したもう一つの重要な背景として，クライアント・サーバ・システムが一般的な情報処理環境として普及してきたことを指摘することができる．多数の個別コンピュータをクライアント・マシンとし，共通の機能を提供するコンピュータをサーバ・マシンとして，これらを一定のネットワークで連結したコンピュータ・ネットワークをクライアント・サーバ・システム（client/server system：C/SS）とよぶ．

エンドユーザ・コンピューティングが進むためには組織の個人，部門，集団，チームなどが個別に使えるコンピュータや周辺装置が用意されることが望ましい．C/SSによれば，エンドユーザの個別情報処理ニーズを充足するようなアプリケーション・ソフトウェアを利用し，またデータを利用できなければならない．一方，個人，部門，集団，チームなどにあまねく提供していかなければならない機能（たとえば，ネットワーク管理，プリンタ共有，ファイル共有，データベース共有など）については比較的性能の高いコンピュータで提供できる．

5.4　エンドユーザ・コンピューティングの利点と具体的な内容

　上述のような背景で芽生えてきたエンドユーザ・コンピューティングであれば，その利点も自ずと明らかになってくる．Emery (1987, p. 202, 同訳書, p. 286) は，エンドユーザ・コンピューティングが持つ利点について次のようなことを指摘している．

　(1)　情報システム専門家の負担軽減

　エンドユーザ・コンピューティングの普及によって，利用者は情報システム専門家のプログラミング努力の一部分を引き受けることになる．そうすると，情報システム専門家にとってはその負担軽減分を自分たちが比較優位を持つ開発テーマや問題に専心できるようになる．このような状況は企業全体の情報処理能力を強化する上で非常に重要な差別化要因となっていくことが期待される．

　(2)　個別の情報要求の変化に対する迅速な対応

　エンドユーザの情報技術利用の知識が高まってくると，ユーザは情報システム専門家との間の無益に終わりがちなコミュニケーションの負担，すなわち，ある種の調整コストを削減することができる．このことから，アプリケーションに対して詳細な知識を持つエンドユーザは，自分の要求を満たすのに必要な

表5.3 エンドユーザ・コンピューティングの例

会計処理・報告書作成・計算支援	・予算，財務計画立案のためにスプレッドパッケージを使う ・経費報告書用紙，売上報告書用紙に記入する ・ローン返済額，費用配分を計算する
文書作成支援	・メモ，ノート，日誌，議事録をつける ・原稿執筆前の構想づくりのためにアウトラインプロセッサのようなパッケージを利用する ・必要があるときにはファイル探索で得たデータを統合して文書を準備する ・スペルチェッカーや文法チェッカーを利用する ・自身の文書の編集，改定を行う ・他人が作成した文書の編集を行う
探索・検索支援	・一時的な問い合わせに対する答えを得る ・大規模データファイルを検索，選択したデータを取り出す ・コレスポンデンスファイルを探索，手紙やメモを取り出す ・商用情報ファイルの探索や情報検索を行う
コミュニケーション支援	・コンピュータメッセージの送受信，返信を行う ・コンピュータメッセージに注釈を付して転送する ・ネットワークサービスを使って旅行の手配をする ・コンピュータ会議を利用する ・データコミュニケーションサービスを利用して文章の草稿をやりとりする ・デジタル化されたボイスメッセージの送受信，返信を行う ・デジタル化されたボイスメッセージに注釈をつけて転送する ・テキスト文書にデジタル音声による注釈をつける
プレゼンテーション支援	・保険の提案書のような定型的な文書を用意するためにパッケージを使う ・プレゼンテーション用スライドを作成するのにコンピュータグラフィックスを利用する
計画立案，日程計画，監視支援	・会議プラン（議題，提案者）の作成，改定を行う ・作業計画（時間，行動予定）の作成，改定を行う ・プロジェクト管理のパッケージを利用する ・事業，財務計画用パッケージを利用する ・スタッフの当番表をつくる ・顧客の注文，代金支払状況，供給業者への発注手配並びに品質状況，スタッフの活用状況について監視を行う
分析支援	・顧客の購買パターン抽出，販売員の業績把握，製品の利益率管理，与信政策のために売上データを解析する ・費用傾向把握，供給業者の納入実績把握のために購買データを分析する ・費用傾向把握のために生産データを分析する ・計画値，予算額からのズレを分析する
記憶支援	・予約カレンダーパッケージを利用する ・"やること"リストパッケージを利用する ・オンラインで業務用名刺ファイル（名前，住所，注釈）を維持する ・あるところで思いついたアイディアを記録するのに着想処理パッケージを使う
レコード処理支援	・定型的トランザクションの登録を行う ・アプリケーションプログラムを利用する ・トランザクションの登録そのものではなく，完全なトランザクション処理を行う ・自己，作業集団，部門に関わる記録を維持する
学習支援	・コンピュータベースのトレーニングパッケージで新規訓練，再訓練，促成訓練を受ける
新規プログラム開発支援	・自身の（簡単な）アプリケーションシステムを開発する ・自身の（簡潔な）意思決定支援システムを開発する ・自身用プログラムの維持，更新を行う
意思決定支援	・what-if仮説の検証に予測，分析，検索，シミュレーション用パッケージを利用する ・意思決定支援，専門家システムパッケージを利用して意思決定に役立てる

出所：R. H. Sprague, Jr. and B. C. McNurlin (1986), pp. 297-298.

変更に対して迅速に対応することができるようになる.

(3) 情報資源の独自の利用

ユーザ部門が独自にさまざまな情報システム資源を持つようになると，自分たちの開発テーマや解決したい課題の重要性に応じて，それらに対する情報資源の割り当てを自立的に行うことができる.

(4) 情報システム利用の有効性に対する意識

利用者が自らの情報ニーズを満足させるために自分の資源を使うことができるようになると，情報の価値と情報を供給する費用とを，非常にうまくバランスさせることができるようになる．すなわち，情報システムの有効性とは何かということを，つねに意識する土壌が組織内部に芽生えてくるようになる．このように Emery はエンドユーザ・コンピューティングの利点を指摘している．エンドユーザ・コンピューティングとしていかなる情報システム利用が実際にあるかについては，Sprague and McNurlin (1986) が表5.3のような例を示している．インターネットをネットワーク基盤とした今日的な情報技術利用環境においては，同表に掲げられている例はほとんどのものが，ごく身近に利用されている．あるものについては，当時よりも格段に安価に，かつ，効率的に実行できるようになっている．しかし，情報システム部門を中心とした，それまでの中央集権的な情報技術利用環境から考えると，当時としては，同表に例示されているような利用方法はきわめて魅力的なものであり，情報技術にまた大きな期待を人々に抱かせる契機になったであろうことが推測できる.

5.5　情報技術の戦略的利用とビジネス・プロセス論

情報技術を戦略的に活用する機会がありうるとしても，それでは実際にその機会を，最終的には組織のだれ，あるいはどの部門が発見し，その機会を具体的な情報システムの構築につなげていけばよいのかという問題が出てくる．おそらく，それは，情報技術の専門家集団である情報システム部門の構成員では

なく，生産，販売あるいは営業などといったユーザ部門の構成員一人ひとりである，というのがわれわれの着眼点である．

情報技術の戦略的利用の機会は，各種機能の実践活動，ビジネスの実践の中で利用者が情報システムを継続的に利用する過程自体の中に見出すことができる．情報資源をどのように活用すれば市場において他社に勝る優位な地位を築くことができるようになるかという戦略契機の発見は，利用者の情報システムあるいは情報技術の日常的な利用経験のプロセス自体の中にこそ見出されると考える．情報技術を戦略的に活用するための機会を持続的に発見していくためには，利用者が自分の活動に必要な品質の高い情報を自分の責任において作り出していくというエンドユーザ・コンピューティングが企業文化として広く浸透していなければならない．この企業文化こそが，企業が情報技術を活用することによって市場において競争優位を獲得するための重要成功要因になる．

情報技術の戦略的利用を図っていくためには，当然のことながらその適用領域をビジネス・プロセスのどこかに求めなければならない．この点に関して，前章で検討を加えたPorter (1980;1985) の経営戦略理論は一つの有意義なフレームワークや概念を提供している．

Porterの5つの競争要因モデル（3.2節参照）は，情報技術の戦略的利用を図るための契機を分析するフレームワークを提供している．われわれはこのフレームワークを使って自社を取り巻く競争環境を分析し，情報システムによって業界における競争ルールに影響を及ぼす可能性のある領域を抽出することができる．また，Porterは，この競争ルールに影響を及ぼす方法として，コストリーダシップ戦略，差別化戦略および集中戦略とよばれる3つの包括的戦略を概念化している．さらに，Porterの価値連鎖は，ある製品やサービスを市場に送出するあらゆるプロセスを，コストや価格に関連づけて分析するための概念的枠組みである．取引相手の変更やプロセスの組換えや変更によって，コストや価格を改善することができる．

エンドユーザ・コンピューティングと情報技術の戦略的利用の関係に整理を

与えるためには，3つの視点が重要であると考える．これら3つとは，Mintzberg (1989) の「創発的アプローチ (emergent approach)」概念，Barney (1991, 2001a, 2001b) の「リソース・ベースト・ビュー (resource-based view : RBV)」概念および Mendelson and Ziegler (1999) の「組織 IQ (organizational intelligence quotient)」概念である．次に，これらの概念やスキームの面からエンドユーザ・コンピューティングの意義を評価しておくこととする．

創発的アプローチと EUC

情報技術の戦略的利用においては，エンドユーザ・コンピューティングによって創発的アプローチを駆動する必要がある．

企業という存在は，環境に対して開いたシステムと考えることができる．明示的にせよ暗示的にせよ，企業あるいは企業行動に関わるほとんどの理論は，外部環境との間での価値や情報の交換過程を前提としている．たとえば，市場経済システムの一主体としての企業は，製品・サービス市場，労働市場，資本市場という3つの市場との取引を常態として行っているという意味で環境に対して開いたシステムである．あるいは企業を一つの生体システムに喩えるなら，それは環境の変化に対してホメオスタシス (homeostasis) を保っていこうとするし，また，環境の変化に対して自ら内部に新しい秩序を形成するという営みを常態として行っているという意味において，環境に対して開いたシステムである．経営学あるいは管理に関する学問は，おおよそ外部環境の変化に対して，その組織内部にあらたな秩序が出来上っていく仕組みを研究したり，あるいは，逆に内部組織に都合の良いように外部環境に対する影響力の行使の仕方を研究する．経営戦略理論，管理理論，組織理論などは，そのような，内部と外部との交換プロセスのある側面に焦点を当てたものといえる．もちろん，内部組織における調整過程を組み込まずに市場における条件変化に対する企業の行動を分析することも可能である．経済学では内部組織をブラック・ボックスとして企業行動を扱う．いずれにしても，企業は環境に対して開いたシステムと考えることができる．

このように企業を環境に対して開いたシステムと理解すると，それが掲げる目的あるいはミッションは名目的には一貫させられるが，実質的内容——具体的活動——は変化することを余儀なくされる．したがって，その実現の手段としての情報システムの目的も，またつねに変わってくる．この場合，企業の外部環境における変化に対して，情報システムは自動的にかつ最適にとるべき行動についての指針を提供してくれるわけではない．環境の変化とその変化に対する情報システムの反応との間には必ずや人間が介在する．まずもって本質的に情報システムは，外部環境の変化に対する反応行動の手段としてどのように使いたいのかということを想定した上で，人間の手によって設計されるべきなのであろう．もちろん，完成した情報システムの使い方を間違えるということもある．情報システムは情報システムとして存在することはなく，本質的に人間・機械システムであり，その目的や機能はつねに変化する．すなわち，経営戦略の構想という最も不確実性に満ちた活動を支援するための情報システムの構築といった課題においても，目的を事前に固定的かつ明確に定めることはきわめて不可能なことといえる．

これと同様の見解を複数の研究者が表明している．たとえば，Meyer and Boone (1989，同訳書，p. 240) は，「IS を戦略的に利用している例では，導入後に初めて戦略的ツールだとわかったケースが多い．IS が，戦略的システムになりうることを予知し，想定することができた企業は少ないのだ．IS 産業ウォッチャーの多くが，戦略システムをあらかじめ計画し，開発・導入を行うことはできないとしている．」と述べている．また，Emery (1987, p. 307，同訳書，p. 423) も，「だれも組織の情報ニーズを正確には予測することはできないし，まただれもシステムを最初から正しく設計することもできない．したがって，優れたシステムというものは，長期的な学習と適応を通じてのみ作り出されていくものである．」と述べている．

これらの見解を包摂するような形で，Mintzberg は，「わたしの論点は簡単である．それも信じられないほど簡単である．すなわち，戦略は編成される

(formulated) ばかりではなく，形成 (form) することもありうる.」(Mintzberg, 1989, p. 30, 同訳書, p. 46) という重要な見解を述べている．また，広範な自然現象や社会現象を自己組織化論の観点から分析・考察する Jantsch (1980, 同訳書, p. 524) も，Mintzberg と同様の見解を述べている．すなわち，Jantsch は，開放的なシステムにおいては，目的は未来への道の終点で待っていてくれる性質のものではなく，プロセス自身に内包されている，だから，それは実行することを通してのみ認識し得る，という重要な見解を述べている．この見解を首肯する観点からは，生産性パラドックス仮説に対する賛成論者も反対論者いずれも，情報システムは計画可能という前提の下に立論を行おうとしている点においては，同じ立場に立っていると考えることができる．

　Mintzberg は，企業が経営戦略を導出しようとする場合の2つのアプローチを対比している．一つは「計画的アプローチ (deliberate approach)」とよんでいる方法であり，他の一つは「創発的アプローチ (emergent approach)」とよんでいる方法である (Mintzberg, 1989, p. 25, 同訳書, p. 38)．この対比は，さまざまな経営戦略理論を分類しようとする場合の一つの重要な枠組みを提供するものといえる．

　計画的アプローチとは，経営戦略は計画可能であるという前提に立って，そのためにいろいろな分析手法を駆使しながら，実行可能な経営戦略を合理的に開発していく方法をいう．図5．2に示されているように，Mintzberg は，完璧に実現することを意図して作られる戦略を，計画的戦略とよんでいる．Mintzberg は，たとえば，Simon の意思決定理論や Porter の経営戦略理論は，このアプローチに軸を据えて戦略を理解しようとする立場とみなしている．

　一方，創発的アプローチとは，おぼろげな概念やアイディアを尊重し，時間をかけてそれらを一つの形，たとえば戦略，事業，製品あるいはサービスに仕上げていく方法をいう．このアプローチでは，偶然や思いつきといったある種の感覚的なものを非常に大切にする．Mintzberg は，最初から明示的に意図したものではなく，何がしかの学習的行動の結果として生まれてくる戦略を，

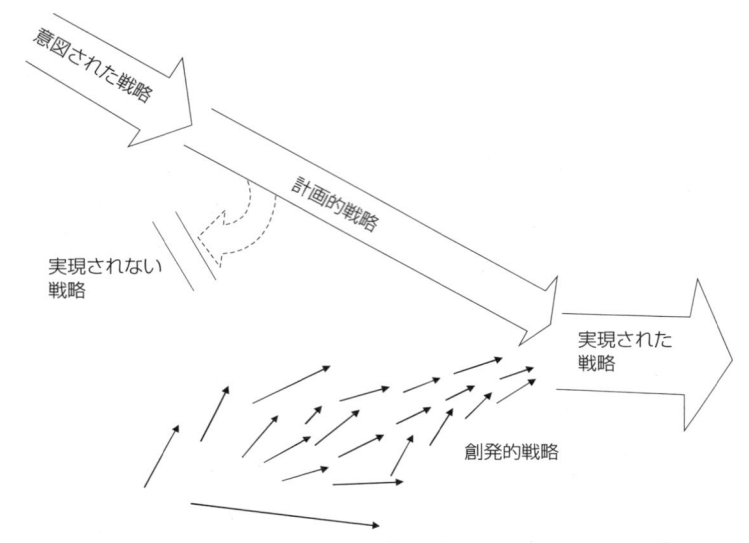

出所：H. Mintzberg, B. Ahlstrand and J. Lampel (1989), p. 12, 同訳書, p. 13.

図5.2　計画的戦略と創発的戦略

創発的戦略とよんでいる．このアプローチが実現することを保証するためには，多様性を生み出す環境を用意する必要がある．多様性の中から一つの形を創造していくという考え方である．

　もちろん，どちらのアプローチが有効であるかは二者択一的に決められるものではなく，Mintzbergは，「一方的に計画的で，まったく学習のない戦略はほとんどない．しかしまた，一方的に創発的で，コントロールの全くない戦略もない．現実的な戦略はすべてこの2つを併せ持たなければならない．つまり，学習しながらも計画的にコントロールするのである．別の言い方をすれば，戦略は計画的に策定される，と同時に創発的に形成されなければならないということだ．」(Mintzberg et al., 1989, p. 11, 同訳書, p. 13) と述べている．

　Mintzbergは，計画的アプローチの観点ではなく，創発的アプローチの観点に立った経営戦略理論を展開しているが，このアプローチは，情報システムの設計・開発ライフサイクルを考察する場合にも非常に重要な視点を提供してい

ると考える．すなわち，情報システムの設計・開発においては，Mintzberg的な理解の上に立てば，計画的アプローチとしての情報システムの設計・開発方法と，創発的アプローチとしての情報システムの設計・開発方法とが考えられることになる．実際の企業における情報システムの設計・開発も両方のアプローチを併用していくことが大切だと考えるものである．その場合，著者の主張は，利用者視点からすれば，創発的アプローチが重要であり，そのための重要な方法がエンドユーザ・コンピューティングを促進することである，というものである．

なお，エンドユーザ・コンピューティングの意義をこのように理解したとき，それでは利用者視点からの情報システムの設計・開発プロセスを，どのように企業組織の中に位置づけていけばよいのかという点，および，どのようなエンドユーザ・コンピューティングが創発性を刺激するかという点は，重要な課題となってくる．これらについては次章で取り上げることとしたい．

情報システム計画のための創発的組織アーキテクチャ

創発的アプローチの一つのキーとしてのエンドユーザ・コンピューティングによって情報技術の戦略的利用を促進していく，というシナリオを展開していくための重要な課題の一つは，ユーザ部門と情報システム部門との間の関係を，どのように構築していけばよいのかというものである．この問題は，企業における情報システム利用の歴史の中では，つねに中心的問題の一つであった．今日的には，エンドユーザ・コンピューティングの普及によって招来した，情報システム部門に対するユーザ部門の相対的優位性の増大という状況の下において，両組織の間の望ましい関係をいかに構築していくべきかという問題である．情報システム利用の成否の一つは，この問題にかかっていると思われる．豊富な情報技術が利用可能であり，実際にそれらを使って情報システムを構築できたにしても，その利用方法を生み出し，管理していくための組織設計が不適切であれば，情報システムの利用は，それが業務処理を目指すものであろうと，戦略的利用を目指すものであろうと，成功を期待することはできない．情報シ

ステムを使った持続的競争優位形成の源泉の一つは，この組織設計のあり方にこそ求められる．

この問題の重要性は Barney (1991, 2001a, 2001b) に代表されるリソース・ベースト・ビュー (Resource-Based View : RBV) の観点から考察することができる．

先に触れたように Porter の競争理論は，5つの競争相手の間における交渉力のあり方や取引形態についての分析を通じて，業界の平均収益以上の収益を確保することが可能な市場を探索するための，枠組みを提供するという意味でポジショニング・アプローチとよばれる．このポジショニング・アプローチに対して，1990年代以降，リソース・ベースト・ビューの側から，真の持続的競争優位の源泉は市場ポジショニングなどではなく，組織が持っている内部資源，すなわちケイパビリティ (capability) とその使い方にこそ求められるという主張がでてきた．

Barney に代表されるリソース・ベースト・ビューの最も重要な論点は，いわゆる経営資源が持つ異質性 (heterogeneity) および固着性 (immobility) の程度が，その企業が構築する競争戦略の持続可能性を決めるというものである．経営資源の異質性に関する前提とは，「企業は生産資源の集合体（束）であり，個別企業ごとにそれらの生産資源は異なっている」(Barney, 2002, p. 142, 同訳書, p. 242) ということを意味している．また，経営資源の固着性に関する前提とは，「経営資源のなかにはその複製コストが非常に大きかったり，その供給が非弾力的なものがある」(Barney, 2002, p. 142, 同訳書, p. 243) というものである．企業が保有する経営資源のなかに，これら異質性と固着性を発見して競争戦略を構築していくことがきわめて重要であるというのが，リソース・ベースト・ビューの要諦となっている．

なお，しばしば，経営資源という言葉の代わりにケイパビリティという言葉が使われることがある．これら2つの言葉を区別して用いる場合もあるが，本稿では，いま参照している Barney (2002) の用語法にならって同義として扱っ

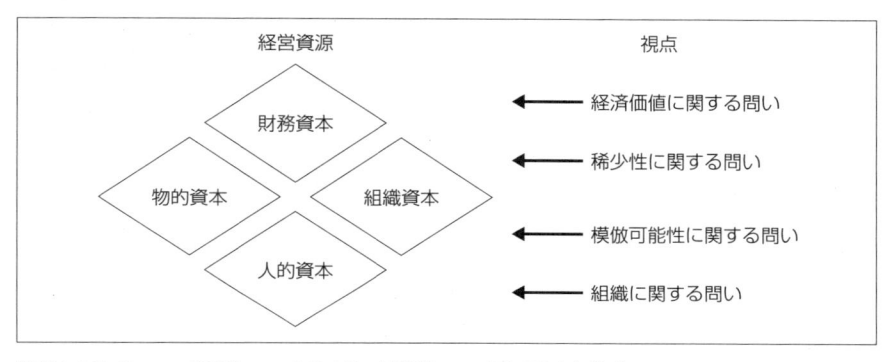

第5章　創発的方法としてのEUC　121

```
経営資源                    視点
   財務資本         ← 経済価値に関する問い
物的資本  組織資本    ← 稀少性に関する問い
   人的資本         ← 模倣可能性に関する問い
                   ← 組織に関する問い
```

出所：J. B. Barney (2002), pp. 145-162, 同訳書, pp. 250-271より作成.

図5.3　VRIOフレームワーク

ていく.

　Barney (2002, p. 145, 同訳書, p. 250) は, VARIOフレームワーク (VRIO framework) とよばれる持続的競争優位分析のためのいたって単純な方法を体系化している．その全体像は図5.3に示したように，いろいろな経営資源に対するいろいろな視点からの問いかけとして模式化されている (*Ibid.*, pp. 145-162, 同訳書, pp. 250-271).

　このフレームワークで取り上げられる経営資源は，財務資本 (financial capital), 物的資本 (physical capital), 人的資本 (human capital), 組織資本 (organizational capital) の4つである．財務資本とは，企業が戦略を構想し実行していくときに利用するいろいろな金銭的資源をさす．たとえば，起業家の自己資金，出資者からの融資金，債権者からの借入金，金融機関からの借入金，あるいは内部留保などが例としてあげられる．物的資本とは，企業が戦略を構想し実行するに際して利用する多様な物理的資産や技術的資源を意味している．たとえば，原材料，部品，建物，工場設備，機材・機器，店舗，コンピュータ・システム，輸送手段などが例としてあげられる．われわれが問題にしている情報技術は，この4つの分類の中では物的資源に入る.

　人的資源とは，企業の戦略の遂行に関連したあらゆる活動を担う人々が持つ

能力をさす．たとえば，経験，判断力，知性，直感，洞察力，あるいは人間関係などが考えられる．組織資源とは，個人の集合体として保有する能力をさす．具体的には，公式あるいは非公式の計画・管理・調整システム，組織構成員の非公式な関係，取引先との関係，組織文化，歴史・伝統などがあげられる．

　これら経営資源を強みとして，企業が直面している機会を捉えたり，あるいは逆に，脅威を除去するために，活用していくことができるかどうかを分析していかなければならない．Barneyは，その分析を行うための視点として，経済価値（value），稀少性（rareness），模倣可能性（imitability），組織（organization）を，経営資源に対して問うべき質問というかたちで提案している．

　「経済価値」視点とは，企業が保有する経営資源やケイパビリティが，外部環境における脅威や機会に対して，その企業を適応させるに足るものかどうかを検討することをさす．「稀少性」視点とは，自社が保有する経営資源やケイパビリティと同じものを，どのくらい多くの競合企業が保有しているかどうかを検討することをさす．「模倣可能性」視点とは，ある経営資源やケイパビリティを保有する企業は，それを保有しない企業がその獲得を目指そうとするときに，コスト上どの程度有利な立場にあるかどうかを検討することをさす．「組織」視点とは，ある企業が保有する経営資源やケイパビリティが，その戦略的ポテンシャルを十分に発揮できるように組織されているかを検討することをさす．

　そこで，ユーザ部門と情報システム部門の間の関係構築という問題は，BarneyのVRIOフレームワークとの関係でいえば，情報技術の戦略的利用に向けて，財務資本，物的資本，人的資本および組織資本が，そのポテンシャルを発揮できるように組織されているかという問題である．同様に，どのようなエンドユーザ・コンピューティングがケイパビリティを高めるかも，重要な問題となる．

　エンドユーザ・コンピューティングと組織IQ
　情報技術の戦略的利用におけるエンドユーザ・コンピューティングの意義を

評価する3番目の視点が，Mendelson and Ziegler (1999) の「組織IQ (organizational intelligence quotient)」概念である．組織IQとは，ある組織が内外の情報を処理して，その結果をその意思決定や戦略構築に反映させていく能力を表す概念である．したがって，それは，エンドユーザ・コンピューティングが企業の中に根づいているかどうかを特徴づける次元として利用することができる．

Mendelson and Ziegler の研究は，世界的規模で行われた実証的研究によって，組織の情報処理能力とその生産性との間の相関を明らかにしようとしたものである．この研究は，1991年からスタートし，「スタンフォード・コンピュータ産業プロジェクト（Stanford Computer Industry Project：SCIP）」とよばれ，世界的な注目を浴びた．この実証的研究の中から芽生えたのが組織IQ概念である．

Mendelson and Ziegler は，経営成果に影響を及ぼす情報処理の特性として，外部情報認知，決定構造の有効性，内部知識流通，組織焦点および継続的革新の5つをあげている．

(1) 外部情報認知（external information awareness：EIA）

これは，組織が，その外部環境に関する情報，たとえば顧客動向，技術機会，競争状況などについての情報に対して，露出されている程度を表す概念である．

(2) 決定構造の有効性（effective decision architecture：EDA）

これは，組織構成員が適切に意思決定を行うことができるように，組織構造ならびに権限配分が設計されている程度を表す概念である．

(3) 内部知識流通（internal knowledge dissemination：IKD）

これは，意思決定に要求される情報や知識が，組織内部で共有できるようになっていたり，意思決定者が経験に基づいて学習を進めていく環境が整っている程度を表す概念である．

(4) 組織焦点（organizational focus：OF）

これは，組織が抱える問題の焦点を単純化することによって，情報過多や複

雑な意思決定から組織を守り，最適な意思決定を行う環境が用意されている程度を表す概念である．

(5) 継続的革新（continuous innovation : CI）

これは，組織構成員が不断に業務改善を図っていくことができるように，組織がアイディアや知恵の創出を支えるための誘引を制度化している程度を表す概念である．

さて，これら5つの要因はいずれもわれわれが着目しているエンドユーザ・コンピューティングの役割や意義を説明する特性としても，あるいはまた，エンドユーザ・コンピューティングを上手にコントロールしていくための特性としても利用していくことができる．なぜならば，エンドユーザ・コンピューティングは，ともかく情報処理の一つの形態だからである．

まず，エンドユーザ・コンピューティングは，組織の外部情報認知の能力を高める方向に作用することが期待できる．なぜなら，外部環境に関する情報に最初に接触するのはエンドユーザ自身であるから，エンドユーザ・コンピューティングの適切な実現によって，他のエンドユーザが露出されやすい環境を作ることができるからである．これによって組織のあらゆる構成員が自らの意思決定に必要な情報を集めることができるようになるだけではなく，その組織がかなり多様な情報を収集することができるようになり，その組織の多様性も増すことが期待できる．これは組織の強みとなっていく．一方，このことは，エンドユーザが収集すべき情報についての焦点を組織全体として明確にできるように，その方針を確立しておくことの必要性を示唆している．

エンドユーザ・コンピューティングは，決定構造の有効性を作り出すために機能することができる．たとえば，情報システム部門とユーザ部門との関係において，情報資源の配分に関して，無用な調整コストを排除するようにエンドユーザ・コンピューティングは貢献することができる（5.4節参照）．一方，逆に，エンドユーザ・コンピューティングは部門間で無用な決定権限の争奪戦を助長することになりかねず，この決定構造の有効性という特性は，エンド

ユーザに意思決定権限をどの程度認めるかということについての組織調整という問題の生じてくる可能性を示唆もしている．

　内部知識流通という特性についても，5.4節で紹介したEmeryの指摘に依拠するなら，エンドユーザ・コンピューティングは確実に促進していくことが予見できる．しかし，一方で，エンドユーザ・コンピューティングは，組織内部にある種のセクショナリズムを助長する危険性もはらんでいる．この特性は，エンドユーザ・コンピューティングの，このような負の機能を回避していくことの必要を示唆もしていると考えることができる．

　組織焦点についても，エンドユーザ・コンピューティングは確実に貢献することが期待できる．たとえば，エンドユーザ・コンピューティングは，5.3節で触れたように，ユーザ部門の特性や要請に沿った情報処理を行いたいという意図の下に生まれてきた背景がある．それは，関係する組織の範囲が限定されるという意味で，組織焦点を明確にすることに貢献する．一方，組織焦点を絞った意思決定は，組織全体の最適化を困難にする可能性がある．組織焦点という特性は，エンドユーザ・コンピューティングが有するそのような危険性を指摘する上でも重要な概念と考えることができる．

　最後の継続的革新についても，実はエンドユーザ・コンピューティングはこれを支えるために是非とも必要な手段と考えることができる．それは，情報システム部門がある時期，突然，情報システムの再構築を言い出しても効果は期待できないからである．情報システム部門の立場からの改善運動としても継続的革新は行いうるであろうが，エンドユーザ・コンピューティングも取り込んだ運動とすることが効果的であろう．そのことは，伝統的なTQC (total quality control) あるいはTQM (total quality management) が現場における改善に立脚していることから類推される．情報システムについてこれが可能であるためには，エンドユーザ・コンピューティングの環境が企業組織内に出来上っていることが重要である．

第6章
利用者視点からの情報品質研究の必要性[1]

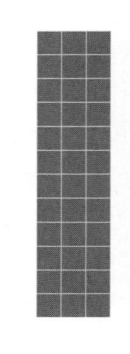

6.1 はじめに

　前章においては，情報技術を戦略的に利用していくための創発的方法としてのエンドユーザ・コンピューティングの役割について考察した．そこでは，利用者自らが主体的に情報システムの利用，場合によっては開発に携わることを通してこそ，情報技術を戦略的に利用していく機会を発掘していくことができる，ということが主要な論点であった．

　そのような理解をしたとして，次に求められることは，このエンドユーザ・コンピューティングを具体的にいかに実践していけばよいのかということである．そのためには，単に利用者をして情報技術に習熟させる方法を考えるだけでは不十分である．つまり，エンドユーザ・コンピューティングを通じて，利用者が自分の経営活動に必要な品質の高い情報を作り出して，それを活用し，維持していく企業文化を，いかに根づかせていくかを考えることが求められる．エンドユーザ・コンピューティングを企業における情報技術の戦略的利用のための創発的手段として取り入れていこうとする場合に問題となる重要なテーマは，それが組織全体にとっての必要によりよく適合する情報の獲得に効果的な運動になっているかどうかということである．エンドユーザ・コンピューティ

---

[1]　本章は，八鍬幸信（2008）「情報品質評価の概念スキームと情報品質保証へのアプローチ」『日本情報経営学会誌』 vol. 28, No. 4を加筆・修正したものである．

ングが企業の戦略形成に役立ちうるためには，それが自分たちの関心枠あるいは問題意識に合った情報の利用を図っていくことができるものとして，組織内に根づいている必要がある．この点こそが問われなければならない．これは，情報品質に関わる問題と考えられる．

このような視点から，本章では，最近注目を浴びるようになってきている情報品質を巡るさまざまな議論を経営情報論の中で取り上げる意義と必要性について考察を加える．併せて，情報品質の向上に向けた研究を今後進めていく上で関連する領域の再編方法について提案する．本章での主題は，図3.12ないし図3.13のBおよびCを強化するために，経営戦略の遂行に向けて利用者が質の高い情報を使うことができているかどうかを制度化する方法を明らかにすることである．

6.2 情報品質概念

情報品質に対する関心は比較的最近のものである．本書で扱おうとしている情報品質概念は，Wang (1998)，Wang et al. (1998) などの最近における研究動向の延長線上にあるものであるが，情報品質概念自体はそれ以前にも散見される．「情報品質」という言葉は使わなかったものの，われわれの関心に近い視点でその重要性を喚起した研究成果は，第2章において取り上げた Gorry and Scott Morton (1971) の情報要求概念（図2.8参照）であろう．この概念の重要性は，管理階層に沿っての整理を指向しているという限界はあったものの，利用者ごとの情報要求の多様性に着目し，情報要求に応える情報を提供する必要があるとの立場から，経営情報システム概念とは異なる意思決定支援システム概念が鼎立する根拠となった，というところに求めることができる．Gorry and Scott Morton の研究は，企業情報システム研究における情報品質概念の位置づけを先駆的に暗示したものとして評価できる．

また，O'Brien (1995) は，「どのような属性が情報を管理者にとって有意味

表 6.1　O'Brien の情報品質次元

時間次元（Time Dimension）	
適時性(Timeliness)	情報は必要なときに提供されるべきである
最新性(Currency)	情報はそれが提供されたとき更新されるべきである
頻度(Frequency)	情報は必要な回数だけ提供されるべきである
期間(Time Period)	情報は過去，現在，未来について提供されるべきである
内容次元（Content Dimension）	
正確性(Accuracy)	情報はエラーを含んでいてはならない
関連性(Relevance)	情報は，ある特定の状況において特定の受け手の情報ニーズに関連づけられねばならない
完全性(Completeness)	必要とされる情報のすべてが提供されなければならない
簡潔性(Conciseness)	必要な情報のみが提供されなければならない
範囲(Scope)	情報は広狭両方の範囲，あるいは内外の焦点を含ませることができる
成果(Performance)	情報は完成した活動，達成された進歩，蓄積された資源を測定することによって成果を明示することができる
形式次元（Form Dimension）	
明瞭性(Clarity)	情報は理解しやすい形式で提供されるべきである
詳細性(Detail)	情報は詳細にも，要約的にも提供することができる
順序(Order)	情報は事前に決められた順序で並べることができる
表現(Presentation)	情報は話言葉，数値，グラフィックあるいは他の形式で表現できる
メディア(Media)	情報は，印刷，ビデオディスプレイ，あるいは他のメディアなどの形式によって提供することができる

出所：J. A. O'Brien (1995), p. 352.

かつ有益なものとするのか．どんな品質が利用者にとっての価値を情報に与えるのか．これらの重要な問いに答える一つの方法は情報品質の特性あるいは属性を調べることである.」（O'Brien, 1995, p. 351）と述べて，情報品質概念に言及している．実際には，表6.1に示すようないくつかの情報品質属性というものが提示されている．

　Gorry and Scott Morton の研究や O'Brien の研究に見られるように，情報品質が持つテーマ性は，具体的に企業情報システム研究の背後に着実に存在していたと思われる．こうした流れの中で，情報品質概念を，企業情報システム研究において一定の戦略性を持つものとして，明示的に取り上げたのが Wang

表 6.2　Wang らの情報品質の次元

IQ カテゴリ	IQ 次元
本来的 IQ (Intrinsic IQ)	正確性 (Accuracy)
	客観性 (Objectivity)
	信頼性 (Believability)
	評判 (Reputation)
文脈的 IQ (Contextual IQ)	関連性 (Relevancy)
	付加価値 (Value-Added)
	適宜性 (Timeliness)
	完全性 (Completeness)
表現性 IQ (Representational IQ)	解釈可能性 (Interpretability)
	理解容易性 (Ease of Understanding)
	表現簡潔 (Concise representation)
	表現一貫 (Consistent representation)
アクセス可能性 IQ (Accessibility IQ)	アクセス可能性 (Accessibility)
	アクセスのセキュリティ (Access Security)

出所：R. Y. Wang and D. M. Strong (1996), pp. 20-21.

and Strong (1996), Wang (1998), Wang et al. (1998), Wang et al. eds. (2005) などの研究である．Wang は，情報品質を「情報の消費者による利用にとっての適合性」(Wang, 1998, p. 60) と定義している．その上で彼らは，情報品質，すなわち利用者にとっての適合性，の評価次元をまず発見して，表6.2 に示されているように「本来的 IQ」，「文脈的 IQ」，「表現性 IQ」，「アクセス可能性 IQ」の 4 つのカテゴリに分類した．

6.3　情報品質への関心の高まりの背景

今日においては情報技術利用の主体は情報システム部門からユーザ部門へと移っている．ユーザ部門の構成員も日々，さまざまな情報の生産者あるいは発

信者の役割をも担うようになっている．このようなユーザ部門における情報技術利用の普及は，情報品質に関わる問題に対する関心をいやが上でも高めていくところとなる．エンドユーザ・コンピューティングが普及していく一方で，いろいろな問題が発生するようになってきているのも事実である．

　たとえば，エンドユーザ・コンピューティングが進展するとしても，意思決定に使っている情報の品質は，はたして適切なものなのかどうか，情報処理権限を利用者に与えることによって，組織には膨大な数の重複が起こっていはしないか，同じ情報項目であっても，ある部署で扱っている情報については日々更新が適切に行われているが，他の部署では更新が遅延しているということはないであろうか，あるいはコンピュータ・ウィルスに侵されていないであろうか，などといった問題が頻繁に出来してくる可能性が高まってきている．

　このように，エンドユーザ・コンピューティングは，その効能を認めるにしても，一方で非効率的な，場合によっては，安全性を脅かすような情報システム利用を助長する契機になりうる．また，その効果自体をさらに高めていくことができる可能性もある．このような理由によって，情報品質に対する関心が徐々にではあるが，高まってきている．もちろん，情報システム部門がつねに品質の高い情報を扱っており，ユーザ部門が品質の悪い情報を扱っているということを主張しているわけではない．情報システム部門は利用者の要求する情報ニーズに対応できなくなってきている，という意味において情報品質に対する関心を高めていかなければならないし，ユーザ部門は情報利用の主体として自分たちの意思決定に必要な情報の品質ということについて関心を高めていかなければならない．これら両部門における情報品質に対する関心の高まりが，組織全体としての情報技術の戦略的利用能力を向上させる必要条件となっていく．

　われわれは，このような問題意識のもとで，情報品質を研究対象としていきたいと考えているが，情報品質が関心を集めるようになった契機としては，次の4点を指摘することができるであろう．

第1の契機は，情報技術の進歩によってデータベースやデータウェア・ハウスの利用が進んできたことである．1970年代以降，アルゴリズム指向アプローチに代わってデータ指向アプローチに対する関心が高まることによって，企業内業務や企業間取引においてデータベースやデータウェア・ハウスが盛んに活用されるようになる．当然のことながら，それらが提供するデータの品質に対する関心が高まってくることになる．

第2の契機は，インターネットの普及である．インターネットがわれわれにもたらした大きな変化の一つは，情報の生産と消費における懸隔を取り除くという点である．すなわち，オープン・コンピュータ・ネットワークや，データベースおよびデータウェア・ハウスが有線，無線を問わず普及し，またユーザフレンドリな通信ソフトウェア，プレゼンテーション・ソフトウェアなどによって，だれでもが，情報の消費者たりうるし，逆に生産者たりうるという情報環境が現出している．企業と顧客・消費者との関係を考えてみたとき，顧客・消費者も企業への貴重な情報の発信者となっている．たとえば，ブログやSNS (social networking service) といった消費者発信型メディア (consumer generated media : CGM) とよばれる Web アプリケーションの普及によって，顧客・消費者は企業に対して製品・商品の注文，その使用・利用経験，それに対するクレームなどといった，さまざまな情報を発信するようになっている．もちろん，それらの情報は顧客・消費者同士でまたたくまに共有されるところとなる．これら大量に流通する情報に対する素朴な不安感や不信感というものが，情報品質研究に対する直接的な契機となっている．

第3の契機は，アメリカにおいて起こった2001年のエンロンや2002年のワールドコムなどによる粉飾決算事件である．これらの事件は，当事者であるエンロンやワールドコムといった企業のみならず，財務情報の品質保証を図るべく社会的に期待されているアーサー・アンダーセン公認会計事務所自体も不正に手を貸していたということで大きな反響をよんだ．

第4の契機は，米国の各政府機関における公開情報の品質確保に関するガイ

ドライン作りである.

アメリカ連邦政府の行政管理予算局 (Office of Management and Budget : OMB) は, 2002年3月に, 連邦政府各機関が公表する各種情報の品質を国民に保証するために, 『連邦機関によって公表される情報の品質, 客観性, 利用可能性ならびにインテグリティを保証し, 最大化するためのガイドライン』を公表した. これにしたがってアメリカの他の機関もそれぞれガイドライン作りを進めた. こうした一連の動きが情報品質に対する関心を, アメリカ国内において高めていく契機となった.

以上の動向が情報品質に対する関心を高めるところとなり, もともと情報品質についての研究を進めてきていた, たとえば Wang (1998), Wang et al. (1998) などの研究が注目を浴びるようになってきたのである.

また, わが国では経営情報学研究の中で情報品質に対する関心が高まってきている. 日本情報経営学会 (旧オフィスオートメーション学会) においては2005年から特別研究プロジェクトとして「情報品質保証プロジェクト」が実施されている (関口, 2006). また, 日本情報経営学会の第52回春季全国大会においては「情報化における投資効果と品質保証」という統一論題の下に情報品質の研究に向けてのアプローチが議論された (オフィスオートメーション学会・経営情報学会, 2006). 情報品質問題に対する日本情報経営学会の取り組みは, 情報技術を基盤とした豊かな産業社会の構築を目指すさまざまな試みに貢献するものとして評価されるべきものと考える.

6.4 情報品質研究へのアプローチ

前節に整理したように, 情報品質研究とその応用に対する社会的要請はきわめて高くなってきている, と思われる. そのような社会的要請に応えるためには, 研究方法を開発し, また, 研究成果を情報技術の利用過程全般の管理や改善に活用する方法論を構築していかなければならない.

第6章　利用者視点からの情報品質研究の必要性　133

情報品質研究に対するアプローチとしてはいろいろなことが考えられる．情報品質理論が目指すべき一つの到達点は，多様なアプローチの体系を明確に示し，その体系の下に，企業が，それぞれの事情に適合するような形で，情報品質向上のための情報技術利用過程の管理や改善を進めていく場合の，ガイドラインとして役に立つようになることであろう．そこで，本章ではまず，そこに向けての一つの契機として，現段階で依拠が可能と思われるいくつかのアプローチを取り上げて，簡単にその役割を検討する．

情報品質向上に向けての研究アプローチとしては，図6．1に示すように大まかには2つのアプローチがあると考える．1つ目は情報技術的アプローチであり，2つ目は制度的アプローチである．もちろん，これら2つのアプローチは相互補完的である．

(1)　情報技術的アプローチ

情報技術的アプローチとは，情報技術そのものが持つ機能，性能あるいは能力を活用することによって，情報品質の向上を達成していこうというものである．

組織の構成員は，日常的に情報の生産・流通・利用のそれぞれの段階において，適切な情報技術を利用することによって情報品質を高めることができる．

```
┌─────────────────────────────────────────────┬─┐
│ 情報技術的アプローチ                         │情│
│ 制度的アプローチ                             │報│
│ ------------------------------------------- │品│
│        意思決定論からのアプローチ　→          │質│
│        組織論からのアプローチ　→              │保│
│    ビジネス・プロセス論からのアプローチ　→    │証│
│    情報システム設計・開発論からのアプローチ　→│ │
│        品質管理論からのアプローチ　→          │ │
│        内部統制論的アプローチ　→              │ │
│      ITガバナンス論からのアプローチ　→        │ │
└─────────────────────────────────────────────┴─┘
```

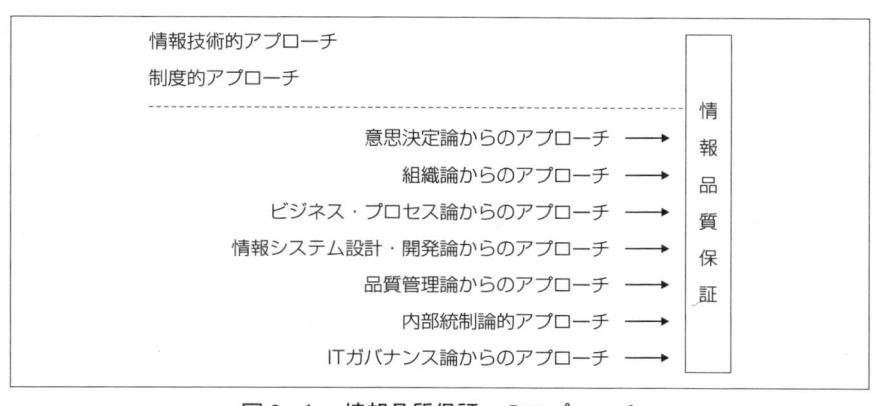

図6．1　情報品質保証へのアプローチ

以下にいくつかの例をあげる．POSシステムを利用して小売業者とメーカとが情報共有を図ることによって，双方にとって品質の高い情報を共有する道が開ける．これによって迅速な発注手配と生産工程の管理が可能になる．また，データ入力時のチェック機能の適切な活用，GUIの活用，あるいは，インターネットを活用した受発注システムを導入することによって，売り手と買い手の双方が効率的な取引ができるようになる．

(2) 制度的アプローチ

情報技術を使って情報品質の向上を達成していくことは，もちろん重要なアプローチということができ，さまざまな技術開発の可能性が開けていると考えられる．しかしながら，どのような技術が磨かれ，導入されたとしても，それは一定の組織的文脈で使われていく．したがって，情報技術的可能性それ自体が，情報品質向上の決定的要因となるわけではない．情報技術的アプローチも組織的文脈の中で活かされていくことになる．どのように情報技術的アプローチが優れたものであっても．組織過程それ自体の欠陥，構成員の悪意などによって，品質の劣る情報が流通するということが十分考えられるし，現実にそのようなインシデントが数多く発生している．したがって，組織的文脈を前提とした情報品質向上に向けてのアプローチも必要となってくる．それが，制度的アプローチである．

ここで，制度的アプローチとは，情報システムの設計・開発・運用の全過程を対象とした，さまざまな統制の枠組みを使って情報品質の向上を達成していこうという方向である．

制度的アプローチにもきわめて多様な方法論が含まれる．このアプローチとしては，同図に示されているようにいくつかの可能性が考えられる．

(a) 意思決定論からのアプローチ

第2章において触れたように，意思決定理論あるいは選択の理論は，経営情報システム研究における一つの基本的な分析視角としての役割を果たしてきた．すなわち，意思決定に必要な情報の収集・処理・提供の手段という立場から情

報システムを理解しようとしてきた現実がある．意思決定に果たす情報の役割が考究され，その情報の収集・処理・提供の手段として，いろいろな情報技術利用モデルの一つとしての経営情報システムが構想されてきた．このような意思決定理論的な枠組みの中で，組織のさまざまな立場の意思決定者の情報要求の内容が，経営情報システム研究の中で検討されてきた．その代表的な枠組みの一つが Gorry and Scott Morton (1971) であった．実は，この情報要求に関する研究は，いまわれわれが問題にしようとしている情報品質評価の次元を構成していくために応用が可能と思われる．

(b) 組織論からのアプローチ

情報品質は，組織構造のあり方や組織における権限配分のあり方に大きく依存する．このアプローチは，望ましい組織設計や組織構造を検討することを通して情報品質の向上を図っていこうとするものである．情報品質を高めるための組織上の工夫として，たとえば，情報品質管理部門の設置，情報品質担当者の養成，あるいはその責任者の配置などといった問題の検討がこのアプローチに属する．たとえば，Wang et al. eds. (2005, pp. 142-149, 同訳書, pp. 147-156) は，データ品質の欠陥を是正するという消極的な手続きだけではなく，データ品質計画と継続的な再構成のためのプロセスの必要性やデータ品質担当者のような組織的役割を担う人材の配置の必要性について言及している．

(c) ビジネス・プロセス論からのアプローチ

情報品質は，ビジネス・プロセスのあり方に大きく依存する．たとえば，取引先との業務提携の仕方，文書交換の仕組み，決済方法，あるいは，社内における情報共有の方法などによって，情報品質が影響を受ける．このアプローチは，ビジネス・プロセスそれ自体に内在する問題点を取り除いておき，情報技術が真にその能力を発揮することができるような，経営基盤を情報基盤に優先して構築していこうというものである．

(d) 情報システム設計・開発論からのアプローチ

情報品質は，情報システム構築に際して立脚する設計・開発手法に大きく依

存すると考えられる．情報システムの設計開発手法としてしばしばウォーターフォール型とプロトタイピング型が比較される．これらのアプローチの選択いかんが情報品質の水準に影響を与えることが十分に予想できる．情報システムの設計・開発手法の選択は，達成される情報品質のレベルに関して単なる，情報技術の選択以上の重要性を帯びている．

(e) 品質管理論からのアプローチ

品質管理の分野で開発されたさまざまな手法は，情報品質評価や保証の分野においても応用可能であろう．特に，情報品質管理を操作的に展開していくためには，情報品質基準の数量化が要求される．そのための知見や手法が品質管理分野から得られると思われる．

(f) 内部統制論的アプローチ

情報品質の向上のために，さまざまな内部統制の枠組みや手法を活用していくことができる．米国のITGI (IT Governance Institute) によれば，統制とは，「事業目的が達成されたり，望まない結果を防止したり，見破ったり，また是正したりする合理的な保証を得ることができるように設計された政策，手続き，実践，組織構造」(ITGI, 2005, p. 15) と定義される．このような内部統制の枠組みや手法として，たとえば「システム監査基準」(経済産業省，2004a)，「システム管理基準」(経済産業省，2004b)，「情報セキュリティ監査基準」(経済産業省，2003a)，「情報セキュリティ管理基準」(経済産業省，2003b)，「COBIT 4.0」(ITGI, 2005) などがあるが，これらを情報品質評価や保証のアプローチとして活用していくことができる．

(g) ITガバナンス論からのアプローチ

情報品質の保証を図るためには全社的な取り組みが必要である．その目標に向けて経営者は，組織の隅々までその影響力を働かせ，そのための制度作りに，リーダシップを発揮していかなければならない．これはITガバナンス (IT governance) の問題である．先のITGIは，ITガバナンスを「管理者や取締役会の責任であり，企業が抱えるITが，その組織戦略や組織目的を支援し，

発展させることを確実にしていくためのリーダシップ，組織構造ならびにプロセスである」(ITGI, 2005, p. 6) と定義している．

　以上，情報品質保証研究に貢献が可能と思われるアプローチをいくつか取り上げた．もちろん，これら7つの他にも考えられるであろうが，重要なことは，どれか一つのアプローチに立脚するというのではなく，これらを複合的に取り入れて企業における情報品質向上の方法を考えていくということである．どのような組み合わせを複合的に用いていくことになるかは，情報品質研究に対する観点に依存する．

　上述のアプローチは網羅的ではないし，きわめて概括的でもある．今後は，ここで取り上げたアプローチはもとより，他のアプローチも含めて，さまざまなアプローチの情報品質向上に向けての貢献領域を発見し，情報品質研究におけるポジショニングを図っていかなければならない．この点については今後の検討に待ちたい．

　ここで，前章までの検討との関連で情報品質問題を考える著者の立場あるいは視点を明確にしておきたい．

　本書では，経営情報システム，意思決定支援システムそして戦略的情報システムを情報技術利用モデルとして後づけし，それに対して利用者視点からそれぞれの意義ならびに限界について検討してきた．それらの概念は，時間的にはこの順で登場してきたのであるが，その目的とするところは今日においても依然として有効である．これからも新たな情報技術利用モデルが出てくることが予見される．本書は利用者の立場から，これらの情報技術利用モデルを実際の企業経営の中で有効なツールとするための方法を考究している．これら3つの情報技術利用モデルを有効なものとするということの意味は，具体的には，これらのモデルがどのような品質の情報を提供してきたか，あるいは何か問題があるとすれば，それをどのように改善していけばよいのかという点にある．この問題意識を逆の言い方をすれば，企業において望まれる品質の情報の流通を図っていくためには，どのような情報技術利用モデルをどのように組み合わせ

るのがよいのかということである．

　本書では，まず第2章において企業における情報技術利用モデルのあり方としての経営情報システム概念と意思決定支援システム概念について利用者視点から検討を加えた．また，第3章では，これら2つの情報技術利用モデルと異なる戦略的情報システム概念について，やはり利用者視点から検討を加えた．これら3つの情報技術利用モデルを利用者視点から検討を加えた理由は，どのような情報システムであっても，利用者の積極的で効率的な利用がなければならないからである．利用者の積極的な利用といった場合，さまざまな関与の形があると思われる．そうした関与の一つのあり方として，第5章ではエンドユーザ・コンピューティングに着目した．とりわけ，情報技術の戦略的利用においてはこのエンドユーザ・コンピューティングが創発的方法として重要な役割を担っていることを提示した（5.5節参照）．

　このような著者の立場からするとき，さまざまな情報技術利用モデルが，利用者のそれぞれのモデルに対する要求に対して，高い品質の情報を提供する形になっているかどうかということが評価されなければならない．その評価の基準は単に情報システムを頻繁に使っているということではなく，有益な情報を本当に扱い得ているかどうかということが検討対象とならなければならない．われわれは，その評価の基準の一つが情報品質であると理解する．

6.5　データ・情報・知識と情報品質問題

　情報品質の概念を考える前に当然のことながら情報の概念についても一定の理解をもっておく必要がある．

　情報の概念はこれもまたきわめて多義的である．情報についての厳密でかつ狭義の定義としては，情報理論および通信理論におけるそれが考えられる．すなわち，ここにおける情報概念は数学的なものであり，2つの可能性のうちの一つを特定する何がしかの「知らせ」が提供されたとき，その知らせは1ビッ

ト（bit）の情報量を持つと定義するものである．これが情報を定義する場合の最小単位となる．一般に，n 個の可能性がある結果から一つを特定する「知らせ」があるとき，その知らせが持つ情報量 x は，

$$x = \log_2 n \quad \text{ビット}$$

と定義される．この場合，その知らせが具体的にどのような意味を持つのか，あるいはいかなる価値を持つのかということについては問わない．

　逆に，情報についての広義の定義としては，この「知らせ」の意味や価値を情報として定義するものである．いまわれわれが企業経営の文脈において情報システムを議論の対象としているような場合，そこで扱われている情報は，意味や価値，あるいはそれが誘発する行動などをさすものと考えることができる

　企業経営の文脈において議論の対象となる情報は，この広義の情報をさす．この情報に関連した類似概念として，しばしば，データ概念，および，知識概念が取り上げられる．もちろん，日常的な文脈の中ではこれらの概念がほぼ同義なものとして理解され，言及される．しかし，情報技術の企業経営における役割や可能性を議論しようとする場合には，これらは区別される．これらの概念について，いく人かの論者の定義を紹介しておくこととする．

　たとえば，Turban, McLean and Wetherbe はこれらについて次のように定義している．「データは，何らかの特別な意味を表すようには組織化されてはいない，記録され，分類され，そして，蓄積された事物，事象，活動および取引に関する素朴な記述である．……（中略）……情報は，受け手にとって意味や価値を持つように組織化されたデータである．……（中略）……知識は，今の問題や課題に適用できるように理解，経験，学習結果，および，専門知識を伝えるように組織化され，処理されたデータあるいは情報である．」(Turban, McLean and Wetherbe, 2002, pp. 48-49)．

　あるいは，上とほぼ同様であるが，O'Brien は，「データと情報という言葉は互換的に使われる．しかし，最終的に情報製品（products）へと処理される

生の素材資源をデータと見るのがよい．情報は，特定の利用者にとっての意味があって役に立つ文脈へと変換されたデータとして定義できる．」(O'Brien, 1995, p. 19) は述べている．

また，Beynon-Davies (1998, pp. 3-4) は，データを事実と理解し，何かを表す一つあるいはそれ以上からなる記号と定義している．情報は，解釈されたデータであり，それは有意味な文脈に配置されたデータと理解される．Beynon-Davies は知識の概念にも触れている．すなわち，知識は，情報を現在ある知識に統合することによって得られる情報から導出されるもの，という理解がなされている．

以上，データ，情報および知識に関する3つの定義例を紹介したが，経営情報システムに関する他の文献についてもほぼ同様の定義が試みられている．このようにデータ，情報，知識がさまざまに定義されるのは，定義を検討する作業が，企業における情報システムの役割を理解する，一つの側面を提供するからである．企業における情報システムの目的が，データ，情報および知識自体を収集・処理・流通させるところにあることは容易に理解できる．ここに，企業情報システムの役割の一つを見出すことはできる．しかしさらに重要な点は，情報システムがデータ，情報および知識の間をどのように繋いでいるのかという点である．データ，情報および知識の間の繋がりを考えるとは，次のようなことをさす．

たとえば，データと情報の関係についていえば，情報システムは，利用者がさまざまなデータから意味のある情報を生成することができるようにその過程を支援できるようになっているかどうか，あるいは，その過程を適切に行うために必要なデータが提供されるようになっているかどうか，といったようなことである．あるいは，組織構成員がある情報を提供したが，その情報提供の根拠になったデータが，情報システムを通して検証あるいは検索できるようになっているか，といったようなことも重要である．

また，情報と知識の関係については，たとえばさまざまな情報から導出でき

るある傾向（たとえば，敵対企業の行動特性，消費者の購買行動特性など）を知識として組織が活かすことを支援するように情報システムができあがっているかどうか，といったようなことが重要になる．

さらに，データと知識との関係については，たとえば，あるデータを解釈するための知識を情報システムから検索できるようになっているかどうかといったようなことが重要である．

データ，情報そして知識の間の関係について，それらから選んだ2項組として例示をした．情報システムで実際に処理されるデータのうち，どれが利用者にとって意味や価値を持つものであるかは，彼の利用文脈や知識によって変わってくる．また，データから意味や価値のある情報を引き出すことができるかどうかは，情報システムの性能にも依存する．これらの側面は，情報システムの利用過程における情報品質の重要性に言及していると考えられる．

6.6 情報品質評価の概念スキーム

Wangらの情報品質の定義ならびに品質評価次元の定義に従うと，情報品質評価は概念的には表6.3のようなフレームワークにしたがって行われることになる．すなわち，情報品質評価は，ある情報項目についてそれぞれの利用者ごとに情報品質次元の項目を評価するということになる．

(1) 評価次元

まず，情報品質評価の概念スキームには評価次元が含まれていなければならない．この点については，たとえば，Wangによって示された評価次元が今後における研究の出発点として役に立つかもしれない．

(2) 要求水準

情報品質を評価するためには，評価次元に基づいて具体的な要求水準，および，達成水準を明らかにしなければならないであろう．それをこの概念スキームのそれぞれのセルに表現していくことになる．この表現の仕方にはいろいろ

表 6.3　情報品質評価のフレームワーク

| 情報項目 | （ここに具体的な情報項目名を書く） | 利用者 ||||
IQ カテゴリ	IQ 次元	利用者1	利用者2	………	利用者 n
本来的 IQ (Intrinsic IQ)	正確性 (Accuracy)				
	客観性 (Objectivity)				
	信頼性 (Believability)				
	評判 (Reputation)				
文脈的 IQ (Contextual IQ)	関連性 (Relevancy)				
	付加価値 (Value-Added)				
	適宜性 (Timeliness)				
	完全性 (Completeness)				
表現性 IQ (Representational IQ)	解釈可能性 (Interpretability)				
	理解容易性 (Ease of Understanding)				
	表現簡潔 (Concise representation)				
	表現一貫 (Consistent representation)				
アクセス可能性 IQ (Accessibility IQ)	アクセス可能性 (Accessibility)				
	アクセスのセキュリティ (Access Security)				

出所：R. Y. Wang and D. M. Strong (1996) をもとに作成.

な代替案が考えられるであろう．たとえば，次のような形で利用することができるであろう．

(a) 「必要」あるいは「不必要」，「充足」あるいは「非充足」といったような論理値を記入する．
(b) 「必要の程度」あるいは「充足の程度」についての5段階評価を記入する．

さて，評価次元と要求水準から構成される情報品質評価のための概念スキームは，情報品質評価過程全体の中で，いろいろな立場および局面で使うことができるであろう．いくつか例をあげると次のようになる．

［例　示］
● 情報システムの企画段階において，利用者自らの立場から本システムで収集・処理・提供される当該情報項目についての評価次元と要求水準を

表現するために使うことができる．

- 情報システムの運用段階において，利用者自らの立場から本システムで収集・処理・提供される当該情報項目についての評価次元と充足水準を表現するために使うことができる．
- 情報システムの開発段階において，利用者が要求する評価次元と要求水準を充足できる情報システムになっているかどうかを，情報システム専門家あるいは情報技術専門部署の立場から検討するためのチェックリストとして使うことができる．

利用者の文脈に依存する情報品質の向上を図るための努力を，企業の中で組織的，かつ，持続的に展開していくためには，情報品質評価のための操作性のある概念的スキームが必要である．ここでは，その必要性を確認ないしは喚起したいという意図と，今後に向けての何がしかの具体的な見通しを得るという意図から上述のような概念的スキームの例示を試みた．実際には，情報品質の測定方法についての実証的研究はすでに始まっている．たとえば，Kahn et al. (2002)，Lee et al. (2002) は「AIMQ (assessment and improvement methodology quality)」とよばれる情報品質測定方法を提案し，それを使った実証実験を試みている．

6.7 情報品質とビジネス・プロセス

Wang (1998)，Wang et al. (1998) などの研究が明らかにした一つの重要な側面は，情報品質と組織的プロセスの相互依存性を前提として，情報品質が組織をまたぐ，あるいは組織を横断するビジネス・プロセスのあり方そのものに深く関わっていることを明確にしたこと，および，そのことを分析するための一つのアプローチを提言していることである．

Katz-Haas and Lee (2005) は，アメリカのある管理健康保険組織における案件解消プロセスを例として取り上げ，組織を横断する業務処理手続きが情報

品質に悪い影響を及ぼして年間数百万ドルにも上る過払い請求による損害を発生するメカニズムを実証的に分析した．ここで，案件解消プロセスとは，顧客（この場合は雇用主となる企業）からの解約申し込みから，その顧客の従業員からの保険金支払要求を実際に停止し，支払が発生しないように措置をとるまでの一連の業務処理をさしている．顧客からの解約情報は，その申し出があった後，さまざまな業務意思決定，請求払い停止，会員数の再計算，管理報告書の作成，給付提供者への通知などといった，いろいろな業務に使われる．もちろん，この案件解消プロセスには社内のさまざまな部門が関わりをもっている．

この実証研究では，情報品質がビジネス・プロセスときわめて強い関係をもっているという仮説の検証が目的であり，そのビジネス・プロセスそのもの，この場合は案件解消プロセス，を直接的に観察できるかどうかということが，研究成果のポイントとなる．そのために，このWangらは，この管理保険組織における過払いに対する原因究明チームに，かなり長期間密着することによって案件解消プロセスの全容を明らかにしようとした．そのために，インタビュー，文脈調査，標本抽出，統計的工程管理，あるいは供給者—入力—プロセス—出力—顧客（supplier-input-process-output-customer : SIPOC）マッピングなど，さまざまな手法が利用された．

このような案件解消プロセスに関する実態調査から，情報品質を損ねる，次のような6つの根本原因を突き止めた．

(1) プロセスの不必要な複雑さ

案件解消プロセスは，直感的にも，相対的には「小さいプロセス」なのであるが，この管理健康保険組織では，それに15の部署，18のサブプロセス，63階層のプロセス，7つのシステム，全部で5つある部門・事業のうちの3つ，300人以上の従業員が関与していたという．このような部署間あるいはプロセス間の，不必要なやり取りから生まれる複雑さが情報品質を低下させることに繋がった．

(2) 乖離とシステム問題

　資格審査システムと請求処理システムがそれぞれで扱う会員資格データの中には一致しないものが含まれていた．その不一致の理由は，磁気テープを使っているために，そこに記録されている案件の解消日が将来である場合には，それをいま処理することができないという，磁気テープ自体の構造に由来するものであった．

(3) 人間―コンピュータインタフェースの使いにくさ

　データ入力画面を設計する場合には，入力作業を正確かつ効率的に行うためのさまざまな工夫がなされる．そのためのさまざまな工夫をアクセラレータ (accelerators) というが，その設計上の欠陥が40個以上見つかったという．すなわち，データ入力画面におけるインタフェースの設計がユーザ指向設計 (user-centered design：UCD) に基づいて行われていなかったために，仕事の遅延や入力ミスに繋がったという．たとえば，資格審査データ入力画面が大文字だけの文が含まれていたために，画面の閲覧効率を下げるといったようなことである．

(4) 手操作プロセスの存在

　案件解消プロセスは一見，電子的であると思われていたが，そのようなシステムでさえも，データ入力のような，不要な手作業が介在していたことが，情報品質の低下につながっていた．たとえば，ある管理システムでは，顧客に対して保証しているある給付の解消日を，資格審査システムに電子的に送付することになっていたが，顧客から送られてきた磁気テープの処理が完全に終了するまでは，顧客の給付保証レコードに手操作でアクセスして解消日を削除するといったようなことを行っていた．その後，顧客からのテープの処理が完了すると，逆に，資格審査システムで，いま削除した解消日を，もう一度入力し直し，資格審査システムにおける本来の自動的な解消日削除処理を行っていた．このプロセスが行われて初めて，今度は，資格審査システムが会員資格レベルに解消日を伝えることができるというシステムになっていた．このような手作

業が入っているために，必要な処理が，停滞したり，忘れられたりすることによって情報品質が低下するといったようなことが発生していた．

(5) 開いたフィードバック・ループ／やり取り／不適切あるいは存在しないバリア／契機の欠除

関係する部署の横のチェック体制あるいはチェックを始める契機が存在しないために情報品質が低下しているといった状況も見られた．たとえば，資格審査部署は，ある案件に関係しているすべての会員が解消されたときに，そのことを口座管理グループに通知していなかったという事態も発生していた．また，当然そうすべきであるとお互いが気づく契機もなかった．このような開いたフィードバック・ループ，換言すれば筒抜け状態が起こっていた．

(6) サイクル時間

データや処理のタイミングのズレが，結局，疑わしい請求に対して毎年支払を続ける主要な要因であったことが判明した．すなわち，顧客から解消通知を受け取った時間と，その情報が請求処理システムに届く時間とが同期していなかった．顧客から契約解消の申し込みがあったにもかかわらず，その通知が請求処理システムに届くのが遅かったために，それまで支払が自動的に継続されるといった事態が起こっていたのである．

この実証研究は，案件解消プロセスのような，たとえ小さなプロセスであっても，そのためにいろいろな部門で行われるエンドユーザ・コンピューティングが互いによく関係づけられていなければ，情報品質を損ねて，企業に大きな損害をもたらす可能性があることを指し示している．すなわち，この実証研究は，エンドユーザ・コンピューティングの創発的利用を図っていく場合に，情報品質に留意することの重要性を喚起している．

6.8 経営情報論における情報品質研究の位置づけ

情報品質への関心は，企業情報システムに関するさまざまな研究を再評価し，

その結果を今後における研究に活かしていく非常に重要な視点を提供するものと思われる．

　品質の高い情報を企業の情報システムが提供できるようにするには，どうしたらよいかに関しては，先のKatz-Haas and Lee (2005) における事例研究が次の2点を教訓として示しているように思われる．

　第1の教訓は，ビジネス・プロセスの設計と情報システム設計とを情報品質を中心概念として関連づけることが重要だという点である．先の事例は，ビジネス・プロセス自体の改善に対する意識が組織に醸成されていなければ，情報システムは有効に機能し得ないことを物語っている．この教訓は，情報品質を高めるには，情報システム設計・開発の中で，ビジネス・プロセスを適切に工夫することの重要性を示している．

　第2の教訓は，情報品質を高めていくためには，利用者が情報を経営における重要な資源と位置づけ，それを経営戦略との関わりにおいて理解と利用を図っていくという視点が大切なことを物語っている．この教訓は，情報品質を高めていくための情報資源管理のあり方に関わる問題として理解できる．

　ビジネス・プロセスの改善に対する意識を高めていくためには，利用者がさまざまなビジネス・プロセスを，企業の経営戦略との関わりで理解しようとする企業文化が醸成されて，その中で情報システムを利用することが重要である．先の案件解消プロセスの事例にも示されていたように，資格審査部門における契約解消手続きが済んでも，口座管理部門に通知することの必要性にだれも気づいていなかった，という状況は，各従業員が，自分がかかわるビジネス・プロセスが会社全体にとってどのような意義を持っているのかということを，戦略的視点から理解していなかったからと推測できる．

　そのような方向での情報品質を高めるための努力としては多様なアプローチが考えられるであろう．そうした今後の努力に関係すると思われる領域をこれまでの経営情報論の枠組みの中に探そうとすると，次の3領域ではないかと思われる．

- 情報システム設計・開発論
- 情報資源管理論
- 情報教育論

本章の関心事である，情報品質という利用者の立場を重視する観点から，これら3つの領域におけるこれまでの研究における立脚点を探すと，それは，いずれもいわゆる利用者の反対側にいる情報システム専門家あるいは専門部署の視点からの研究が主流であったという点に見出すことができる（第2章，第3章参照）．そこで，情報品質を高めていくことができるような情報技術利用モデルの活用のためには，これらの領域それぞれの再編成が課題となる．

情報品質に関する研究はいま緒についたばかりであるから，これら3つの領域のそれぞれについて体系的な提案を行うことは難しい．したがって，本書では，情報品質という観点から見た場合のこれら3領域における問題の所在を指摘することとしたい．

これら3つの領域のうち，情報システム設計・開発論および情報資源管理論については本章で検討を加え，情報教育論については章をあらためて検討することとしたい．

6.9　情報品質とシステム設計・開発アプローチ

案件解消プロセスと情報品質の関係に関する実証的研究（6.7節参照）は，企業と企業の関係，企業内部における複数の部署間の関係など，組織を横断する情報交換を必要とするシステムの研究には，ビジネス・プロセスそれ自体についての深い理解が根底に据えられなければならないことを物語っている．この点は，たとえば Davenport (1993) も繰り返し述べている．Davenport は，「組織間システムにおけるプロセス指向は，システム導入前にプロセスがデザインされ，記述されていなければならないと考えられる．組織間システムのための技術は，企業別に複数の標準を作ることがないように，すべての関係者に

よって，理想的には業界レベルにおいて，合意されなければならない．そして，財務とマーケティング活動のような内部のプロセスも，顧客指向のプロセスによって影響を受けるので，組織間プロセスを考慮してデザインすべきである」(Davenport, 1993, p. 270, 同訳書, p. 320) と述べている．したがって，情報システムは，このような観点からするビジネス・プロセスの合理化を支援するように設計・開発されなければならないということになる．Davenport は従来の組織間プロセスが，それを実現するための EDI 標準の確立というような技術的問題として，あるいは，競争優位獲得の問題として議論することにとどまっていた，と指摘している (*Ibid.*, pp. 269-270, 同訳書, p. 319)．

このような指摘を情報システムの側から考えると，組織をまたぐビジネス・プロセスを支えるトランザクション・データの，情報品質を高める，あるいは，損なわないような合理的な処理が基本になっていなければならないことがわかる．この点に関して，たとえば Emery は，「トランザクション処理は MIS のなかで枢要な部分となっている．(中略) よりよいサービス，より高品質の製品，あるいはより低いコストによって，戦略的優位をもたらす目的で行われる改善は，トランザクション処理システムの高度化によってもたらされることが多い．」(Emery, 1987, p. 85, 同訳書, p. 136) という重要な見解を述べている．ここにおける「高度化」は，それに関連する情報の，品質の高度化をも含意したものでなければならない．

一方，第5章で論じたように，本書は利用者の創発的な情報技術利用の重要性にも注目している．すなわち，必ずしも計画的でも合理的でもない情報技術の利用プロセスも重要である．この問題は，情報システムの設計・開発論との関係でいえば，SDLC アプローチとプロトタイピング・アプローチとをどのように融合していくのがよいのかということである．

情報品質から見たシステム開発ライフサイクル・アプローチ

このアプローチは，情報システムの設計・開発過程を一つの非可逆的な生命体の一生になぞらえて，生命体の誕生から死にいたるまでの長い成長の間にい

くつかの特徴的な段階があるように，情報システムの設計・開発過程にもいくつかの特徴的な局面があり，それぞれの局面を非可逆的にたどっていくという考え方に基づいている．このアプローチは，情報システムの設計・開発過程を非可逆的なプロセスと見るところからウォーターフォール・モデル（waterfall model）とよばれることもある．

現実のシステム開発ライフサイクルは，これから開発しようとするシステムの性格や規模などによってさまざまなバリエーションがあるが，予備調査→ニーズ分析→システム設計→プログラミング→テスト→導入→運用→保守・運用という一連の流れが一般的であろう（Emery, 1987, pp. 143-154, 同訳書, pp. 210-223）．このアプローチは，どちらかというと，大規模なトランザクション処理が中心となるような，定型的で相対的に安定した情報システムの設計・開発に向いているといわれている．情報システム開発ライフサイクル・アプローチは，いろいろな改良がなされており，今日でも頻繁に参照される．

このようなシステム設計・開発手法が，これから開発しようとする情報システムが提供する情報の品質に対してどのような影響を及ぼすのかを検討する．

大規模なトランザクション処理のための情報システムを開発するためには，さまざまな情報技術，業務知識，人員が必要になり，また，膨大な開発費用と開発後の運用コストがかかる．したがって，このような情報システムを成功させるためには，周到に準備された開発行為が要求され，過去の膨大な経験の蓄積の中から生まれてきた方法であるシステム開発ライフサイクル・アプローチはその要求に沿うことができる方法といえる．

しかし，一方で，次のような問題も抱えているといわれる（Pearlson, 2001, p. 232）．

- ユーザ部門の幅広い情報要求を理解してすべてを充足することが困難である．
- システム計画策定から運用までの時間がかかり過ぎる．
- 情報システム仕様の開発途中における変更が困難である．

- いったん運用体制に入った情報システムの大幅な改良は不可能である．
- 維持管理に膨大なコストがかかる．

これらの問題が発生する理由としては，次のようなことが考えられる．

- 手続き型言語指向の設計・開発アプローチである．
- 情報技術専門家中心の設計・開発アプローチである．
- 大型コンピュータ指向の設計・開発アプローチである．

情報システムが品質の高い情報を生み出しうるかという点についての，システム開発ライフサイクル・アプローチの問題点は，一般的には，情報品質よりもデータ品質に焦点が当てられがちであるというところに求められる．換言すれば，利用者が情報を利用するという側面に対してよりも，コンピュータ・プログラミングの問題としてデータの処理方法に焦点が当てられがちである．利用者の情報利用の文脈よりも，情報技術専門家としてのデータ処理の文脈が優先されがちである．

情報品質から見たプロトタイピング・アプローチ

システム開発ライフサイクル・アプローチに対して，プロトタイピング・アプローチとは，利用者自らが試作品（prototype）として作ったり，あるいは，情報システム部門が試作品として作成した比較的小規模のコンピュータ・プログラムから出発して，その後，体験的評価あるいは利用者の学習レベルや習熟レベルに合わせて，情報システムを次第に進化させていくというものである．プロトタイピング・アプローチは，「長期の情報ニーズを抽象的に特定化することは，われわれのだれにもできないという，否定できない原則に基づいている．」(Emery, 1987, p. 198, 同訳書, p. 281)．この点で，プロトタイピング・アプローチは，利用者の利用目的に合致するという意味で，より品質の高い情報を生み出す可能性のある情報システムの設計・開発方法といえる．

一方，プロトタイピング・アプローチには問題が潜むのも確かである (Emery, 1987, p. 201, 同訳書, pp. 284-285)．たとえば，プロトタイピングはその場その場の「気づき」に根拠を置くという曖昧さを秘めている．また，利

用者にとっては，仕事の状況変化に応じて不断にシステムの改善を進めていくことになるから，果てのない変更の続くシステムに対して，忍耐力を維持していくことが難しい．

　以上，システム開発ライフサイクル・アプローチとプロトタイピング・アプローチという2つの代表的な情報システム設計・開発方法の，主として情報品質の面から見た長所と短所を検討した．情報システムが提供する情報の品質を高めていくためには，おそらく両者を組み合わせていくという方向でなければならないと考える．その組み合わせを考える場合に着目すべき特性には，「柔軟性」と「信頼性」が考えられる．ここで，「柔軟性」とは，情報システム設計・開発アプローチが，情報システムの利用目的や利用内容の変更に応じて，その仕様の変更に応えられる程度を意味する．また，「信頼性」とは，情報システムが利用者の利用目的や利用内容に合致した処理を行っている程度を意味する．システム開発ライフサイクル・アプローチは，定型的なビジネス・プロセスの情報システム化を目指していく場合の信頼性に富む方法を提供する．また，プロトタイピング・アプローチは，利用者の主体的で創発的な情報システム利用のための柔軟性に富む方法を提供する．一方，システム開発ライフサイクル・アプローチは情報システム変更についての柔軟性に難点がある．また，プロトタイピング・アプローチは信頼性に難点がある．このように2つのアプローチを柔軟性と信頼性という2つの次元で比較すると図6.2に示されているようなマトリックスができる．このマトリックスは，品質の高い情報を提供するための情報システムの開発における努力の方向性を表すと見なすことができる．

　すなわち，図中，第Ⅰ象限と第Ⅲ象限は両アプローチそれぞれが持つ柔軟性と信頼性の高さを活かして情報品質向上に向けての情報システムの改善を図っていく方向を，一方，第Ⅱ象限と第Ⅳ象限は両アプローチそれぞれが持つ柔軟性と信頼性の低さを克服しながら情報品質向上に向けての情報システムの改善を図っていく方向を示している．

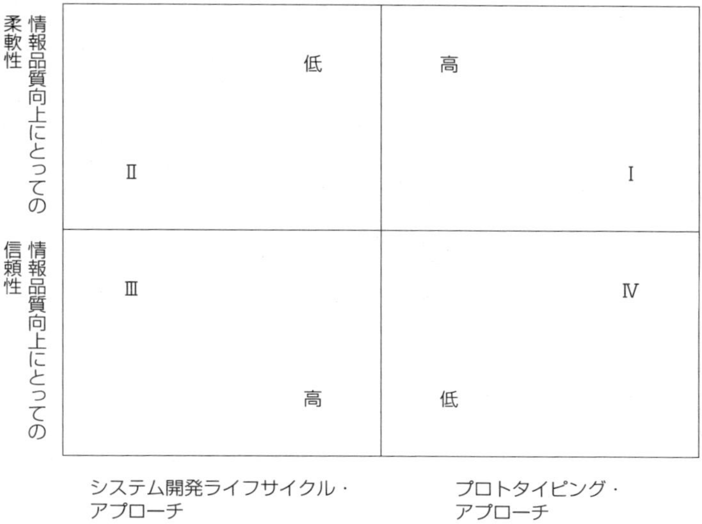

第6章　利用者視点からの情報品質研究の必要性　153

	システム開発ライフサイクル・アプローチ	プロトタイピング・アプローチ
情報品質向上にとっての柔軟性	低 Ⅱ	高 Ⅰ
情報品質向上にとっての信頼性	Ⅲ 高	Ⅳ 低

図6.2　情報品質向上に向けてのアプローチ

6.10　情報品質向上のための情報資源管理

　われわれは，Wangらの定義に倣って情報品質をその利用者による利用にとっての適合性と理解している．情報の品質が高いとは，表6.2に示される情報品質次元に沿って，その利用者にとっての適合性が高くなっている状態をさすと考える．このような意味での品質が高い情報を利用者が利用できる情報システム環境を構築する方法を考えなければならない．換言すれば，エンドユーザ・コンピューティングの過程において，利用者が品質の高い情報を利用していくことができる情報環境を整えていくことが重要である．そのためには，情報品質向上のための管理を組織的にいかに遂行していくか，という問題を考えなければならない．

　この問題に対する解決の一つの糸口としては，いわゆる情報資源管理 (information resources management : IRM) およびデータ管理 (data management) の応用あるいは拡張という方向であると考える．

　企業における情報の日常的な管理は，これまで情報資源管理という機能の範疇で論じられてきた．「経営情報システム」，「意思決定支援システム」あるいは「戦略的情報システム」という，明確に識別可能な情報システムは持っていない組織でも，少なくとも情報資源管理機能は陰に陽に行われてきた．また，情報システム部門あるいは情報管理部門などの専門部署はなくとも，情報資源管理は組織における基本機能として行われてきた．今日においても，インターネットに代表される情報技術の進歩や利用者の拡大，あるいは，企業における情報システム適用範囲の拡大といった動向の中で，情報資源管理はあらゆる組織体においてさらに重要な機能の一つとなっている．

　このような見解に基づいて，情報品質管理も情報資源管理という機能の一環として行っていく，あるいは場合によっては，情報品質管理という視点から情報資源管理を再編成するのが自然な発展方向であると考える．

　情報資源管理という考え方は，おおよそ1980年代初頭に広く認識されるようになってきた．情報資源が「ヒト」，「モノ」，「カネ」と並ぶ第4の経営資源としてその重要性が着目され，その管理が経営機能の重要な部分を占めるということについて理解がなされるようになっていた．ときあたかも情報技術の戦略的利用に対して関心が高まってきたのと軌を一にする．また，こうした情報資源という概念の登場とほぼ時を同じくして情報統括役員（chief information officer : CIO）という概念に注目が集まるようになったのも，情報資源の経営資源としての重要性に多くの人々が気づきはじめたことの証左と見ることもできる．

　情報資源管理の定義については大方の論者の間で意見の一致を見ているようである．代表的な定義をいくつか紹介しておくと次のようになる．

　たとえば，McLeod, Jr. は，「情報資源管理は，情報要求を充足するために必要な情報資源を特定し，獲得し，そして管理することを目的とした企業のあらゆる階層の管理者によって遂行される活動である．」(McLeod, Jr., 1995, p.

48）と述べている．

　また，O'Brien は，次のような5つの機能を具体的に列挙する形で情報資源管理の内容を紹介している（O'Brien, 1995, p. 460）．

　① 戦略的管理（strategic management）

単にオペレーションの効率性や意思決定支援のためではなく，情報技術を企業の戦略目的や競争優位性に貢献するように管理する．

　② 資源管理（resource management）

データと情報，ハードウェアとソフトウェア，通信ネットワーク，情報システム要員を経営資源として管理する．

　③ 機能管理（functional management）

情報技術や情報システムを経営の一つの機能として管理する．

　④ 技術管理（technology management）

企業のいたるところでデータや情報を処理し，蓄積し，伝達するあらゆる技術を統合された組織資源として管理する．

　⑤ 分散管理（distributed management）

事業ユニットや作業グループが責任をもって情報技術や情報システム資源の利用を管理する．

　また，比較的最近における定義として，たとえば Turban らは，「情報資源管理は情報技術資源のプランニング，組織化，獲得，維持，安全化，および統制することに関係するあらゆる活動を含む」（Turban et al., 2002, p. 658）と述べている．

　以上の3つの定義に共通するのは，情報システムや情報技術の管理が強調され，情報そのものは脇役である点にある．

　データ管理（data management）機能は，情報資源管理機能に対する近接領域の機能である．たとえば McLeod, Jr. は，「データ管理は企業のデータ資源が正確であり，最新であり，脅威から安全であり，そして利用者にとって利用可能であることを確実にするためのすべての活動を含む，情報資源管理の一部

である.」(McLeod, Jr., 1995, p. 294) と定義している.

その上で, McLeod, Jr. は, データ管理活動の例として次の7つを掲げている (*Ibid.*, p. 294).

- データ収集 (data collection)：必要なデータが, システムへのインプットとして役立つソース文書とよばれる形式で収集され, 記録される.
- インテグリティおよび検証 (integrity and verification)：データが, あらかじめ決められた制約やルールに基づいて一貫性や正確さが確保されるように検証される.
- 貯蔵 (storage)：データは, 磁気テープあるいは磁気ディスクのような何らかの媒体に記録されている.
- 維持 (maintenance)：新たなデータが加わったり, 現存のデータが更新されたり, また, もはや必要のないデータがデータ源の最新性を保証するために抹消されなければならない.
- セキュリティ (security)：データが, 破壊, 損傷, 誤用を防ぐように保護される.
- 組織化 (organization)：データが利用者の情報要求に合致するように編成される.
- 検索 (retrieval)：データを利用者に利用させる.

このように, データ管理は, McLeod, Jr. も明確に述べているし, またO'Brien のフレームワークからすると, 情報資源管理のうちの資源管理に当ると理解できる.

上の情報資源管理についての定義から, われわれは情報品質管理を情報資源管理の一機能と位置づけていくことも可能であるし. また, 情報品質管理という大義名分から情報資源管理の再構築を試みるということも可能である. どちらの方向が妥当なのかということについては今後の議論を待たなければならない. しかし, どちらの方向を目指すにしても情報資源管理の基本的な視点について注意をしておかなければならない.

上で例示された定義にも表れているが，情報資源管理は，「利用者の視点」には立っているが，「利用者の立場」には立っていない．換言すれば，情報資源管理は，「利用者のため」を考えているが，それは情報システム専門家の立場からのものといえる．すなわち，利用者に対して情報資源管理のためにいかなるサービスを提供できるかといった考え方である．

したがって，その延長上に情報品質管理を位置づけしようとすると，それはあくまでも情報システム部門の立場からのアプローチということになってしまう．すなわち，情報システム専門家の立場から利用者に対して情報品質向上のためのサービスを提供するということになる．これが不十分なことは，5.5節で述べた．著者は，利用者の立場から情報品質管理を情報資源管理の機能の一部として位置づけていくか，情報品質管理という観点から情報資源管理それ自体の再編成を図っていくのでなければならないと考える．

また，情報品質と情報資源管理の関係を上のいずれの観点から考えていくにしても，情報品質研究における情報システム評価の基準は，データ管理におけるような効率性（efficiency）ではなく，有効性（effectiveness）に置かれる．この観点を，本書の利用者指向の立場からさらに深めれば，あらゆる情報資源は，利用者に高品質の情報を提供するために管理されなければならないから，後者のアプローチを採るべきだとの，当面の結論にいたる．

6.11 要 約

本章では，まず情報品質に対する関心の高まりの背景について一定の整理を試みた．その上で，情報品質について，はじめて本格的な取り組みを行ったWangらの研究に触れ，情報品質概念の具体的なイメージを確認した．

その上で，Wangらが試みた情報品質を低下させる要因の究明に当ったアメリカのある会社を対象とした実証研究の事例を簡単に紹介した．その事例研究が示している情報品質に関わる2つの研究領域として情報システム設計・開

発および情報資源管理の重要性を指摘した．

　まず，情報システム設計・開発については，情報品質保証の立場からすると，システム開発ライフサイクル・アプローチとプロトタイピング・アプローチが持つ特徴を柔軟性と信頼性という2つの次元から検討できることを示し，情報品質改善の方向性として，両者の相互補完性に注目することを提案した．また，情報資源管理については，これと情報品質管理の関係性ということに着目して，それが従うべき立場と基準ということについて考察し，情報品質管理を基軸として再構築すべきであるという結論を得た．

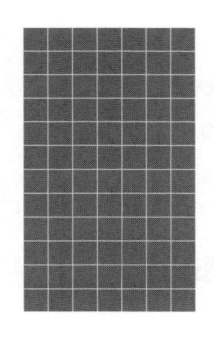

第7章
利用者視点の企業内経営情報教育の方向

7.1 はじめに

　第2章においては，情報技術利用モデルとしての経営情報システムおよび意思決定支援システムを取り上げ，また，第3章においては，同じく戦略的情報システムを利用者の視点から再検討した．この段階で得られた結論は，これら3つの情報技術利用モデルはもちろんのこと，他にもさまざまな情報技術利用モデルが存在するのであるが，それらはいずれも今日においても有効であり，また今日の情報技術をもってすればむしろより効率的にかつ有効に構築できるかもしれないということである．

　また，これらの情報技術利用モデルは，いずれも企業における情報システムの戦略的利用という最終到達点に対して何がしかの形で役割分担が可能と考える．そうした方向へとこれら情報技術利用モデルを動員していくに当っては，何よりも利用者自身の情報技術利用能力を高めていくことが重要である．第5章では，その一つの運動論としてエンドユーザ・コンピューティングが持つ創発的側面に着目した．さらに，第6章では，エンドユーザ・コンピューティングに基づく創発的な情報技術利用モデルの利用における一つの評価基準が情報品質でありうること，およびそれを高めるための方法論としての情報システムの設計・開発アプローチの改善方向および情報資源管理の再構築の方向について提案した．

そこで本章では，それらの情報技術利用モデルの戦略的利用に向けての利用者に対する情報教育をどのような考え方の下に進めていくのがよいのかを検討する．ここにおける主題は，図3．12ないし図3．13のBを強化することの可能な情報教育のあり方を明らかにすることである．

7．2　利用者に求められる情報技術利用能力の到達点

　情報技術の戦略的な利用に向けてエンドユーザ・コンピューティングを推進するにあたって，重要になるのは，利用者の情報技術の利用能力として，どのような内容について，どの水準を想定すればよいのかという点である．

　情報技術に関して利用者個人の利用能力が問題となるようになったのは，パーソナル・コンピュータが登場するようになってからのことである．1970年代の後半にパーソナル・コンピュータの概念を最初に暗示したのは Alan C. Kay であるといわれている（秀和システム第一出版編集部編著，2006, p. 810）．個人が利用できるコンピュータが登場したことから，それを利用する能力を表現するために，「コンピュータ・リテラシ (computer litercy)」という言葉を Alan C. Kay が使ったのが，個人の情報技術利用能力に言及した最初であるといわれている．その後，情報技術の進歩に伴ってコンピュータ・リテラシ概念は，「情報リテラシ (information literacy)」概念へと変貌を遂げた．この情報リテラシ概念は，単にコンピュータを操作する能力にとどまらず，一般的には，広く情報技術を仕事や日常生活において役立てていく能力というように理解されている．いまわれわれが問題にしようとしている利用者の情報技術利用能力は，この情報リテラシ概念よりももう少し限定的であり，仕事における目的適合的な情報技術の利用能力をさしている．仕事における目的適合的な情報技術の利用能力とは，単に，情報技術を操作することができるということではなく，ビジネス・プロセスの改善や自らの意思決定に主体的に情報技術を利用していく能力をさしている．以下，本章における企業経営の文脈における利用者の情

報リテラシとは，このレベルを想定することにする．

7.3　従来の利用者向け企業内経営情報教育の視点

　第2章において，わが国が1967年に米国に派遣した「MIS視察団」について触れた．この視察団がわが国の黎明期における急速な企業情報化の進展の契機をもたらしたことは高く評価できる．その視察団による視察報告書の中で，緊要の課題がいくつか指摘されているが，そこではコンピュータ教育についても触れている．その部分を再掲すると，少し長くなるが，「企業は経営の各階層に対するコンピュータ教育を計画的・継続的に実施し，トップ・マネジメントが自ら新しい経営管理技法を理解・習得するとともに，次代の後継者の育成をはかり，またコンピュータの専門技術者の養成に努めるべきである．」（日本生産性本部，1968，p.8）というものであった．われわれは，この部分から，今日的視点あるいは本書の視点で，3つの重要なポイントを読み取ることができる．

　第1のポイントは，経営の各階層に対するコンピュータ教育の計画的・継続的実施が主張されていることである．第2のポイントは，トップ・マネジメント自らが新しい経営管理技法を学ぶべきことが主張されている点である．そして，第3のポイントは，コンピュータの専門技術者養成の必要性が主張されていることである．当時の情報技術環境の中で企業内情報教育の課題というものが，過不足なく触れられてはいる．しかし一方で，一つの重要な視点が暗黙のうちに示されている．その視点とは，情報技術専門家の視点である．第1のポイントは，経営各層に対するコンピュータ教育が暗黙のうちに想定されているという意味で情報技術専門家の視点からのものである．第2のポイントは，コンピュータのアルゴリズム化の対象としての経営管理技法が想定されているという意味で情報技術専門家の視点からのものである．そして，第3のポイントは，文字通り情報技術専門家の視点からのものである

これまで，いわゆる情報技術者あるいは情報システム専門家を対象とした人材育成プログラムについては，行政機関，産業界あるいは学会などにおいていろいろな形で提案されてきた．もちろん，個別企業においても情報技術者養成のためのさまざまな試みが行われてきた．しかし，大変奇妙なことなのであるが，いわゆる利用者を対象とした情報技術教育の方については体系的な検討は行われてこなかった．上で触れた「MIS視察団」の提言の中に見られるようなコンピュータ教育の視点が，今日にいたるまで続いている．

　このように，企業内情報教育における利用者視点はきわめて希薄であったように思われる．利用者視点の重要性に気づいていたとしても，それは大まかには次のような4つの観点からなされるものであった．

　第1に，利用者を対象とした情報教育というものが，どちらかというと，コンピュータの操作能力を涵養するという意味での「情報リテラシ教育」という観点から行われてきたように思われる．

　第2に，利用者を対象としたその情報教育というものの内容が，情報技術そのものの理解に焦点が当てられており，企業経営の文脈を明確に意識した中で行われるものではなかった．

　第3に，これまでの企業における利用者向けの情報教育カリキュラムは，どちらかというと情報技術の専門家あるいは情報システム部門が作成し，提供する，という暗黙の了解があった．

　第4に，企業において実施されてきたさまざまな情報教育は，意識するとしないとにかかわらず，「経営」と「情報技術」という二分法を前提に展開されてきたように思われる．

　たとえば，「利用者の視点」と「情報システム専門家の視点」は，しばしばお互いに対峙する関心枠とみなされてきた．また，「ユーザ部門」と「情報システム部門」という対置もしばしばなされる．さらには一企業内部の問題というミクロなレベルにとどまらず，ユーザ企業と情報産業の対置という具合にマクロなレベルにおいてもこの構図が暗黙のうちに前提とされていた．あるいは

は，しばしば利害が対立してきた．これらの二分法は，換言すれば「経営」と「情報技術」の二分法に帰着するものと考えられる．

以上の4点が示しているように，企業におけるこれまでの情報教育は，情報技術の専門家が教育内容を構想し，情報処理に関する専門的知識を教授する，という観点に立つものであった．企業における情報教育が情報技術専門家の視点から行われてきたものであったことは，次のような事象からも類推できる．

1980年代に情報技術の戦略的利用に関心が集まるようになったのと軌を一にして，いわゆる企業における情報統括役員の役割に対する関心が高まった．情報統括役員は一般的には企業における情報システム化に対して最終責任を負う最高管理者である．具体的な職責としての「情報統括役員」はあまり頻繁に出会うものではないが，その機能あるいは役割は必要であるし，それに対する期待も大きいことは確かである．

しかし，実はこの情報統括役員という職責の必要性が叫ばれる所以は，「経営」と「情報技術」の乖離を情報技術専門家の側から埋める努力である点に求められる．一般的に，この情報統括役員が現実の企業組織の中で明確な位置づけと活躍の具体的な場が見えてこないのは，この職責が，もとはといえば利用者の要求ではなく，情報技術専門家の要求から生まれてきたからである．

また，ソフトウェア産業において「プログラマ35歳定年説」が1970年代から根強く囁かれてきたが，これも情報技術の専門家の視点からのものである．ビジネス・プロセスの改善のために情報技術の適用領域を見つけるという能力は，35歳を過ぎたとしても十分に発揮していくことができる．むしろ，ある程度，経験を蓄積した上でなければならないともいえる．

これまでの企業における情報システム化の作業は，情報技術専門家の観点から，利用者との「協働体制」や「統合」の枠組みを作る中で進められてきた．しかし，このような枠組みは果たして有効でありうるのか．このような枠組みでは，最後まで乗り越えることができない，利用者と情報技術専門家の間の壁が存在する．この壁が企業における情報技術の戦略的利用を妨げる要因になっ

ているのではないか．あるいは学校教育における情報教育を歪める結果につながっていっているのではないか．これが，本章における著者の基本的な問題意識である．著者は，このような根本的な隘路を抱える教育を打開しなければならないと考える．真に情報技術の戦略的利用を図っていくことができるためには，このような二分法，協働観あるいは統合観に拠らない，利用者指向の，学校教育としてはもとより，企業内教育としての経営情報教育を模索していく必要があると考える．

7.4　今後の企業内経営情報教育の視点

　前節での，これまでの企業内情報教育の限界についての総括の上に立って，今後における企業内情報教育の方向と方法について考察する．

　著者は，企業において利用者視点からする経営情報教育の方向性は，図7.1に示すように，経営戦略，ビジネス・プロセスそして情報技術という，3つの要素の相互関係を考慮に入れるところに見出すことができると考えている．企業における利用者を対象とした経営情報教育の方向性を考えるための同図に

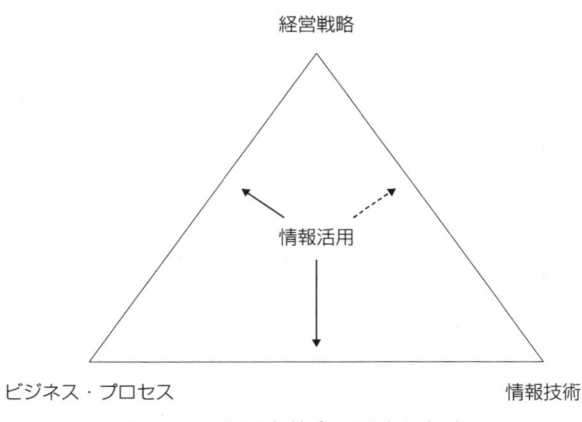

図7.1　利用者教育の要素と視点

示したフレームワークを,「トライアングル・モデル」と仮によんでおくこととする．このトライアングル・モデルは以下に述べるような，利用者向け経営情報教育を考えるためのいくつかの示唆を与える．

　まず明らかに，これら3つの要素それぞれに着目して，バラバラに，利用者に対して知識を与えることは意味がないであろう．これら3つの要素は相互に複雑に絡み合っているから，それを考慮に入れた企業内経営情報教育のフレームワークを考えることが重要である．これら3つの要素を同時に考慮しても焦点が曖昧になってしまうので，便宜的に3つの要素の2項組の相互関係という形で教育の方向性を考えるのが分かりやすい．

　3つの要素の2項組みは，次の3つである．
- 経営戦略—ビジネス・プロセス
- ビジネス・プロセス—情報技術
- 経営戦略—情報技術

ここで重要なことは，同図にも示されているように，3種類の2項組を，情報技術の視点からではなく，情報活用の視点から理解するようにしなければならない点である．

経営戦略—ビジネス・プロセス

　企業における利用者を対象とした経営情報教育のテーマとして，経営戦略とビジネス・プロセスの関係について，利用者の理解を達成することを目指すことが考えられる．これは，企業内経営情報教育の重要な分野を占めると考えられる．

　利用者に対しては，まず基本的に自らが関わるビジネス・プロセスが，企業が展開しようとしている，あるいはいま展開している経営戦略に対して，どのような貢献をなしているのかということについての利用者の明確な意識を醸成していくことが重要である．その場合になによりも重要な点は，利用者が，経営戦略の形成にはどのような情報が関わっており，それがビジネス・プロセスの進行の中で，関係者の間でどのように利用されているのかを分析できるよう

になることである．

　Porterの経営戦略理論における包括的戦略の達成にとって，利用者それぞれが関わるビジネス・プロセスがどのような役割および機能を果たしているのかということを，明確に意識することができるようになることが重要である．すなわち，「経営戦略―ビジネス・プロセス」軸においては，利用者が自らのビジネス・プロセスを具体的に分析し，そこで使われているさまざまな情報間の関係を表現し，それを関係者に伝達する能力や技法を身につける必要がある．

　ビジネス・プロセス―情報技術

　ビジネス・プロセスに対して情報技術を応用して改善を試みる意識を醸成することも重要である．この点も利用者視点の経営情報教育の重要な部分を占めている．

　この「ビジネス・プロセス―情報技術」軸は，第5章において検討した創発的方法としてのエンドユーザ・コンピューティングが深く関わり合う部分である．すなわち，定型的業務処理あるいは日常的な情報技術の利用経験を通じて，経営戦略の実現に結びつく，情報技術を利用したビジネス・プロセスの改善策についての，意識醸成とその実現能力の涵養を図っていくことが，ここにおける企業内経営情報教育の眼目となる．具体的には，利用者が関わるビジネス・プロセスに対して，経営情報システム，意思決定支援システムあるいは戦略的情報システムに代表される，さまざまな情報技術利用モデルを使って，改善や改革が可能な領域を発見できるようになっていくことが，この軸における経営情報教育内容となる．このような観点からの情報教育というものは，単に情報処理技術を教育するだけでは実現できない，と考えられる．ここで重要なことは，ビジネス・プロセスの遂行に必要な情報を効率的に処理するために情報技術に担わせるべき機能を利用者が自分で定義できるようになることである．

　第3章でアメリカン航空の座席予約システムやアメリカン・ホスピタル・サプライ社のオーダーエントリ・システムを戦略的情報システムの成功事例として取り上げたが，そこでは，その背後に非常に長い年月をかけたビジネス・プ

ロセスの改善運動があったことを強調した．企業内経営情報教育における「ビジネス・プロセス―情報技術」軸は，そうした改善運動を可能にするような教育内容を象徴するものである．

経営戦略―情報技術

　利用者は，情報技術が経営戦略の実現にどのように貢献しうるかということについて，理解を得ておく必要がある．「経営戦略―情報技術」軸は，この点についての理解を深めるための，企業内経営情報教育における一つの領域を示す．企業が，情報技術を利用することによって競争的市場においてどのような種類の優位性を確保することができるかという点についての知識を利用者が持つことは重要なことである．

　ただし，ここで，この軸上において企業内経営情報教育を行っていく場合には，これのみでは情報技術の実質的な戦略的利用にはつながっていかないということに注意をする必要がある．第3章において，1980年代の戦略的情報システムについて触れたが，そこでの最大の問題点は，この軸のみが強調されたという点に求められる．すなわち，ある会社が情報技術を使って市場におけるいかなる競争上の地位を占めることができるかということについての，一般的な理解を利用者に知識として持たせることはできる．しかし，そのこと自体が契機となってその会社における情報技術の戦略的な活用に繋がってくるとは想定しにくい．なぜなら，経営戦略と情報技術の関係を見るだけでは，情報技術がビジネス・プロセスの改善に関わる様子が，表面に出てこないからである．すなわち，情報が利用者によって利用されるプロセスが一向に顕現的にならないからである．図7．1において，"情報活用"から向かう矢線が点線で表現されているのは，この点を強調するためである．いわゆる"SISブーム"に感じとられたある種の空虚さは，それが，この軸上の議論に終始した点に求めることができる．

　以上，情報技術の戦略的利用における3つの要素，すなわち経営戦略，ビジネス・プロセスおよび情報技術について触れ，利用者向けの情報教育，すなわ

ち企業内経営情報教育の内容を検討しようとするときに依拠可能と思われる3つの軸を指摘した．次の問題は，実際の利用者教育においてこれら3つの軸を，どのように組み合わせていくのがよいのかという点である．これら3つの軸をいかに重みづけし，具体的にいかなる教育内容を盛り込んでいけばよいのか．具体的な教育内容については今後の研究に待つこととしたいが，3つの軸への重みづけという点については以下のような可能性が考えられる．

図7.1において経営戦略，ビジネス・プロセス，情報技術の3つを正三角形で結んだが，これを3辺の長さが異なる直角三角形で表現し直すことによって，直感的ではあるが，図7.2のように，先の3つの軸を重みづけして表現することが可能である．最も長い斜辺でその会社にとっての最重要の教育軸を，直角を挟む2本の辺のうちのより長い辺で次に重要な教育軸を，そして最後の最も短い辺で最も重要度が低い教育軸を表す．

どの軸の組み合わせを選ぶかという点については，次のような，さまざまな

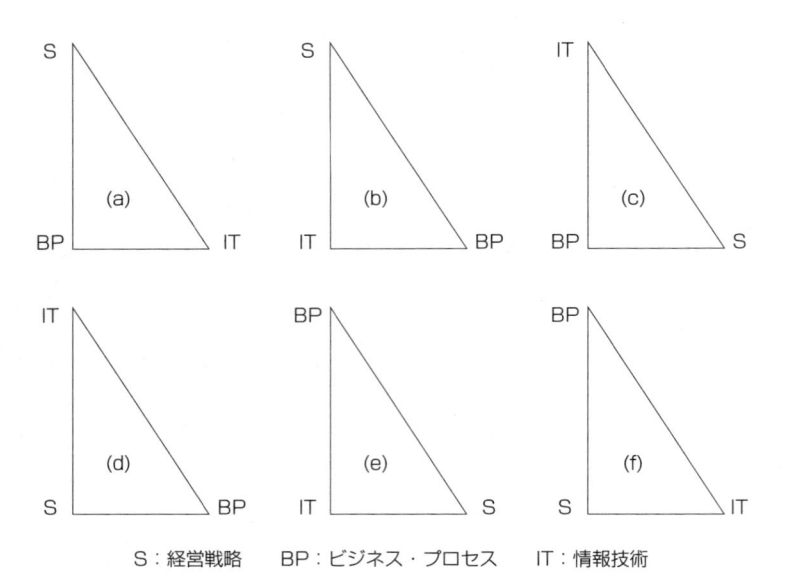

S：経営戦略　　BP：ビジネス・プロセス　　IT：情報技術

図7.2　経営情報教育の重点

要因によって変わってくると想定することができる．

- 管理階層におけるどの利用者を対象とするか．
- その会社の情報システム構築経験はどのくらいか．
- その会社が抱えている課題は何か．
- その会社における利用者の情報リテラシの程度はどのくらいか．
- 業界の競争的市場における争点は何か．
- その他

このように6つの選択肢の中からどの道を選ぶかは，そのときどきに企業が置かれている状況に依存する．したがって，企業における利用者向けの経営情報教育にはさまざまなオプションあるいは多様性がありうるということが理解できる．

本書の立場からすると，理念的には図7．2における(f)のパターンが一つの理念型といえる．すなわち，利用者に対する経営情報教育の立場として「ビジネス・プロセス—情報技術」軸が最も重視され，次いで「ビジネス・プロセス—経営戦略」軸，「経営戦略—情報技術」軸という順序である．

「ビジネス・プロセス—情報技術」軸上では，自らが関わっているビジネス・プロセスの改善・改革に対する，情報技術の応用方法を見出していくことができるような情報教育が展開されていく．このパターンにおいては，何よりも，利用者一人ひとりのビジネス・プロセスへの関わりが，最終的にその企業の価値創造にどのように貢献しているのか，あるいは，自分たちの現在のビジネス・プロセスを改善・改革することによって，企業がより大きな価値創造に向かうことが可能なのかということについて見通しが持てるようになる，というところに教育の主眼が置かれることになる．

「ビジネス・プロセス—経営戦略」軸では，他社に優る経営戦略上のポジションを獲得するために重要なビジネス・プロセスを分析し，改善する方法を身につけることができるような情報教育が展開されていく．

最後に，「経営戦略—情報技術」軸上では，自社が置かれている競争上の地

位を確認することができるようになる経営情報教育というものが展開されていくことになる．

7.5 トライアングル・モデルの含意

　本書における主要な論点は，企業が情報技術の戦略的利用に成功を収めるためには，エンドユーザ・コンピューティングにおいて利用者の創発的な情報活用プロセスを核として情報技術の利用を進めなければならないというものである．このトライアングル・モデルは，そのために利用者が必要とする知識の領域を明確にしている．創発的エンドユーザ・コンピューティングは，経営戦略，ビジネス・プロセスおよび情報技術という3つの要素から作られる3つの2項組のうちの「ビジネス・プロセス―情報技術」軸を中心とするプロセスと考えることができる．著者は，企業における利用者向けの経営情報教育の観点は，「ビジネス・プロセス―情報技術」軸にこそ据えられなければならないと考える．

　「ビジネス・プロセス―情報技術」軸を考える場合の基本的な価値は「合理性」である．この関係のあり方を合理的に考えるあるいは理解を達成しようとする精神こそが，経営情報教育の基本に据えられなければならないと考える．

　上で，経営と情報技術の二分法という発想に言及したが，この軸においては，この二分法は意味をなさない．大切なのは合理的でありうるか否かという基準のみである．

　実は，「ビジネスプロセス―情報技術」軸を，創発的なエンドユーザ・コンピューティングと関係づけることが重要との観点から，今後における企業内経営情報教育の基本的な焦点として設定すべきと考える．すなわち，この軸を合理的に考察する能力を，エンドユーザ・コンピューティングを通じて涵養することを教育の基本に据えなければならない．この場合，二分法も，協働観も，融合観も必要ないであろう．あるいは，文科系的情報教育と理工学的情報教育

の区分も必要ない．むしろ，順序は逆で，ビジネス・プロセスと情報技術の間の合理的な関係という観点を優先することによって，その後に文科系的視点と理工学的視点とが意味を持ってくる．すなわち，企業における利用者を対象とした経営情報教育は，単に，利用者に対して情報技術の機能や可能性を知識として与えることを目的とするものではない．また，利用者に対して情報技術の知識を「やさしく」，あるいは「分かりやすく」解説することでもない．もちろん，そのような方向をまったく否定するものではないが，それとは異なる経営情報教育の可能性がありうることに着目する必要がある．

　企業における情報システム化は，利用者の情報技術に対する知識水準が高まるのみでは推進されないと考える．利用者の情報技術に対する理解度も大切であるが，むしろ，それ以上に利用者が関わるビジネス・プロセスと情報技術との関係についての合理的な考察ができるかどうかということこそが重要な観点となってくる．そうした見方に立った経営情報教育の再構築の方向性が考えられるであろう．本書の冒頭において，Goodhue and Thompson の実証研究を取り上げたが（p.5），その含意はこの点にこそ求められるものと考える．

第8章
結 論

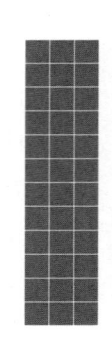

8.1 分析結果の要約

　本書の目的は，これまでの経営情報システム，意思決定支援システム，および戦略的情報システムなどの代表的な情報技術利用モデルに対して利用者視点から再検討を加えて，今後における経営情報システム再構築に向けての方向性についての一つの提案を試みようとするところに置かれていた．

　その目的を達成すべく，各章において次のような考察を加えた．

　まず，第1章では，本書の基本的な視点として次の3点に触れた．第1は，本書における最も重要な視点である利用者視点である．この視点の重要性をGoodhue and Thompson（1995）の手になる実証研究を紹介することを通じて喚起した．第2の視点は，1950年代以降，今日まで上のようなさまざまな企業情報システム概念が登場したが，それらはいずれも今日においても依然として有用な情報技術利用モデルであり，今日的技術をもってそれら概念の実現を図っていくことの重要性を喚起した．

　第2章では，第1章で設定をした利用者視点から，本格的な初めての情報技術利用モデルである経営情報システムについて考察を加えた．そこでは，まず，情報システムに対する意思決定理論の貢献が，情報システムの「利用者」を意思決定者として明示的に示した点に求められる点を指摘した．そして，実はこのことが，一方で，この情報システムを情報システム専門家の立場に立った，

モデル指向のシステム概念にしているという点を指摘した．しかし，現実の問題はモデル化が可能なものばかりではなく，そうした問題に対処するには問題解決過程を支援する情報システムの概念が必要であり，その要請を受けるものとして意思決定支援システムの位置づけを試みた．しかし，それも基本的には利用者視点に立ったシステムというよりも，依然として，情報システム専門家の立場に立ったモデル指向のシステム概念である点を指摘した．

第3章では，1980年代に登場してきた戦略的情報システム概念に対して利用者の視点から検討を加えた．そこでの論点の一つは，まず，情報技術の戦略的利用はこの年代をもって始まったわけではなく，1950年代にさまざまな情報システムが企業に導入されるようになって以来，今日まで普遍的な目標でありうる，という点を重視した．もちろん，経営情報システムも，意思決定支援システムもそうである．ここでの重要な論点は，「戦略的情報システム」とは堂々と表明しなくとも戦略的であった情報システムは数多くあるし，逆に表立って「戦略的」と表明している成功した情報システムの背後には膨大なビジネス・プロセス改善あるいは改革の歴史があることに注視した．競争的市場におけるポジショニングの道具と単に理解する「戦略的情報システム論」は，現実の情報システムの戦略的利用を主導し得ないという点が主張された．情報技術の戦略的利用を現実のものとするためには，ここでもやはり利用者視点が重要である点が強調された．

第4章では，これまでの経営情報論の問題点についての第2章および第3章での考察を踏まえて，「利用者指向に基づく経営情報論の再構築」を図っていくための3つの論点が示された．これら3つの論点は，引き続く第5章，第6章および第7章において，それぞれ取り上げられた．ここで，「利用者指向に基づく経営情報論の再構築」とは，企業情報システムに担わせるべき機能を，情報技術活用の視点からではなく，情報活用の視点から実現していくことができるように経営情報論の再理論化を図るということを意味する．

第5章では，利用者視点から情報技術の戦略的利用を主導する原理として，

創発的プロセスとしてのエンドユーザ・コンピューティングの重要性に着目した．この創発的プロセスの重要性を理論づけるためにMintzbergの「創発的アプローチ」の概念が使われた．この場合，具体的にこの創発的エンドユーザ・コンピューティングをどのように企業の活動の中で展開していくのがよいのかという問題が残るが，この点については，第7章において企業における利用者視点から経営情報教育の方向性を議論する中で位置づけが図られた．

第6章では，企業における利用者指向の情報システム利用を進めていく場合の評価の視点として，最近，関心が高まりつつある情報品質を置くことについての可能性が考察された．そして，高い品質の情報を扱うための利用者視点の情報システム構築に向けての情報システム設計・開発と情報資源管理の役割について考察を試みた．

最後に，第7章では，利用者視点から情報技術の戦略的利用を図っていくために，企業における経営情報教育をどのように構築していけばよいのかという点についての方向性を提示した．そこでのポイントは，経営情報教育を経営戦略，ビジネス・プロセス，情報技術のトライアングルという見方から構築しうることを示した．そのトライアングルにおける3つの2項組の一つである「ビジネス・プロセス─情報技術」軸に創発的エンドユーザ・コンピューティングが位置づけられる点を示した．

以上，各章における分析を通じて，次の5点が結論として明らかになった．

第1に，経営情報システム，意思決定支援システムおよび戦略的情報システムは，今日でも有効な情報技術利用モデルである．第2に，利用者の視点に立った情報技術利用モデルの再構築が必要である．第3に，経営者やユーザ部門が自立的に情報技術を利用できる環境を整備する創発的エンドユーザ・コンピューティングが重要である．第4に，情報品質は，創発的エンドユーザ・コンピューティングの成果を客観的に評価する有力な方法である．第5に，情報教育においては，ビジネス・プロセスと情報技術の関連の重要性を学習させることが不可欠である．

本書は，これら5点の指摘を通じて，経営情報論におけるこれまでの研究成果を継承し，今後，利用者の視点から情報技術を企業経営において有効に活用していくために研究すべき領域を明確にした点で，意義があったと考える．

8.2 今後の課題

本書の目的は，これまでの経営情報論の研究蓄積の上に，利用者視点からその再構築を図る場合のいくつかの分析視点を明らかにすることにあった．本書での成果を踏まえて，今後は，次の3つの課題に取り組んでいかなければならない．

第1の課題は，情報技術の戦略的活用に結びつくような，望ましいエンドユーザ・コンピューティングのあり方について研究を進めていくことである．

第2の課題は，望ましいエンドユーザ・コンピューティングを実現するための，企業における経営情報教育の具体的な方法を体系化し，それを実際に検証していくことである．

第3の課題は，情報技術の戦略的活用の手段としてのエンドユーザ・コンピューティングの成果を情報品質の観点から評価・測定していくための方法を開発することである．

今後，これらの課題に取り組みながら，利用者指向に基づく経営情報論の再構築に取り組んでいくこととしたい．

参考文献

Ackoff, R. L. (1967), "Management Misinformation Systems," *Management Science*, vol. 14, No. 4, pp. 147-156.
ACRL (2000), *Information Literacy competency standards for higher education*.
Ansoff, H. I. (1965), *Corporate Strategy*, McGraw-Hill. (中村元一・黒田哲彦『最新・経営戦略 戦略作成・実行の展開とプロセス』産業能率大学出版部, 1990)
Anthony, R. N. (1965), *Planning and Control Systems : A Framework for Analysis*, Harvard University Press. (高橋吉之助訳『経営管理システムの基礎』ダイヤモンド社, 1968)
ANZIIL and CAUL (2004), Australian and New Zealand Information Literacy Framework : *Principles, Standards and Practice*.
Badaracco J. L. , Jr. (1991), *The Knowledge Link*, Harbard Business School Press. (中村元一・黒田哲彦訳『知識の連鎖―企業成長のための戦略同盟』ダイヤモンド社, 1991)
Bakos, J. Y. and M. W. Treacy (1986), "Information Technology and Corporate Strategy: A Research Perspective," *MIS Quarterly*, June.
Barney, J .B. (2002), *Gaining and Sustaining Competitive Advantage*, Addison-Wesley Publishing Company, Inc. (岡田正大訳『企業戦略論―競争優位の構築と持続：上・下』ダイヤモンド社, 2003)
Benbasat, I., Dexter, A. S. and Todd, P. (1986), "An Experimental Program Investigating Color-Enhanced and Graphical Information Presentation: An Integration of the Findings," *Communications of the ACM*, vol. 29, No. 11, pp. 1094-1105.
Betz, F. (2001), *Executive Strategy: Strategic Management and Information Thechnology*, John Wiley & Sons, Inc.
Beynon-Davies, P. (1998), *Information Systems Development: An Introduction to Information Systems Engineering*, Macmillan Press Ltd.
Bonini, C. P. (1963), *Simulation of Information and Decision Systems in the Firm*, Prentice-Hall. (柴川林也訳『企業行動のシミュレーション』同文舘, 1972)
Bricklei J. A., C. W. Smith and J. L. Zimmermann (1996), *Organizational Architechture: A Managerial Economics Approach*, Irwin.
Chandler, A. D. Jr. (1962), *Strategy and Structure: Chapters in the History of the Industrial Enterprise*, MIT Press. (三菱経済研究所訳『経営戦略と組織―米国企業の事業部制成立史』実業之日本社, 1967)
Cheney, P. H., Mann, R. I. and Amoroso D. L. (1986), "Organizational Factors

Affecting the Success of End-User Computing," *Journal of Information Systems*, vol. 3, No. 1, pp. 65-80.

Clark, T. (1992), "Corporate Systems Management: An Overview and Research Perspective," *Communications of the ACM*, February, pp. 61-75.

Copeland, D. and J. McKenny (1988), "Airline reservation systems: Lessons from history," *MIS Quarterly*, vol. 12, No. 3, pp. 362-364.

Daniel, D. R. (1961), "Management Information Crisis," *Harvard Business Review*, September-October, pp. 111-121.

Davenport, T. H. (1993), *Process Innovation: Reengineering Work through Information Technology*, Harvard Business School Press.(卜部正夫・伊東俊彦・杉野周・松島桂樹訳『プロセス・イノベーション――情報技術と組織変革によるリエンジニアリング実践』日経BP出版センター, 1984)

Davenport, T. H. and J. E. Short, "The New Industrial Engineering: Information Technology and Business Process Redesign," *Sloan Management Review*, Summer, 1990, pp. 11-27.

Davis, G. B. (1974), *Management Information Systems: Conceptual Foundations, Structure, and Development*, McGraw-Hill.

Davis, F. D. (1989), "Perceived Usefulness, Perceived Ease of Use, and User Acceptance of Information Technology," *MIS Quarterly*, vol. 13, No. 3, pp. 319-342.

Dearden, J. (1972), "MIS is a Mirage," *Harvard Business Review*, January-February, pp. 90-99.

Dearden, J., F. W. McFarlan and W. M. Zani (1971), *Managing Computer-Based Information Systems*, Richard D. Irwin, Inc.

Dickson, G. W., G. DiSanctis and D. J. McBride, (1986), "Understanding the Effectiveness of Computer Graphics for Decision Support: A Cumulative Experimental Approach," *Communications of the ACM*, vol. 29, No. 1, pp. 40-47.

Emery, J. C. (1987), *Management Information Systems: The Critical Strategic Resource*, Oxford University Press, Inc.(宮川公男監訳『エグゼクティブのための経営情報システム――戦略的情報管理』TBSブリタニカ, 1989)

Gelinas, U. J., Jr. S. G. Sutton and J. Fedorowicz (2004), *Business Processes & Information Technology*, Thomson South-Western.

Gallager, J. D. (1961), *Management Information Systems and the Computer:* American Management Association, Inc.

Goodhue, D. L. and R. L. Thompson (1995), "Task-Technology Fit and Individual Performance," *MIS Quarterly*, vol. 19, No. 2, pp. 213-233.

Gorry, G. A. and M. S. Scott Morton (1971), "A Framework for Management Information Systems," *Sloan Management Review*, vol. 13, No. 1, pp. 55-70.

Hannan, M. T. and J. Freeman (1977), "The Population Echology of Organizations," *American Journal of Sociology*, vol. 82, No. 5, pp. 929-964.

Henry, C. L. Jr. (2005), *Information Technology: Strategic Decision-making for Managers*, John Wiley & Sons, Inc.

Hopper, M. D. (1990), "Rattling SABRE: New Ways to Compete on Information," *Harvard Business Review*, May-June, pp. 118-125.

ITGI (2005), COBIT 4.0.

Ives, B. and G. P. Learmouth (1984), "The information System as Competitive Weapon," *Communications of ACM*, vol. 27, No. 12, pp. 1193-1201.

Jantsch, E. (1980), *The Self-Organizing Universe: Scientific and Human Implication of the Emerging Paradigm of Evolution*, Pergamon Press. (芹沢高志・内田美恵訳『自己組織化する宇宙—自然・生命・社会の創発的パラダイム—』工作舎, 1986)

Kahn, B., D. M. Strong and R. Y. Wang (2002), "Information Quality Benchmarks: Product and Service Performance," *Communications of the ACM*, vol. 5, No. 4, pp. 184-192.

Katz-Haas, R. and Y. W. Lee (2005), "Understanding Interdependencies between Information and Organizational Processes," in R. Y. Wang, E. M. Pierce, S. E. Madnick and C. W. Fisher, eds., *Information Quality*, M. E. Sharpe, Inc.

Lee, Y., D. M. Strong, B. Kahn and R. Y. Wang (2002), "AIMQ: A Methodology for Information Quality Assessment," *Information and Management*, vol. 40, No. 2, pp. 133-146.

McFarlan, F. W. (1984), "Information Technology Changes the Way You Compete," *Harvard Business Review*, May-June, pp. 98-103.

McGee, J. and L. Prusak (1993), *Managing Information Strategically: Increase Your Company's Competitiveness and Efficiency by Using Information as a Strategic Tool*, John Wiley & Sons, Inc.

McLeod, Jr., R. (1995), *Management Information Systems*, Prentice-Hall.

Mendelson, H. and J. Ziegler (1999), *Survival of the Smartest: Managing Information for Rapid Action and World-Class Performance*, John Wiley & Sons, Inc.

Mintzberg, H. (1989), *Mintzberg on Management*, The Free Press. (北野利信訳『人間感覚のマネジメント—行き過ぎた合理主義への抗議—』ダイアモンド社, 1991)

Mintzberg, H., B. Ahlstrand and J. Lampel (1998), *Strategy Safari: A Guide Tour through the Wilds of Strategic Management*, The Free Press. (斉藤嘉則監訳

『戦略サファリ―戦略マネジメント・ガイドブック』東洋経済新報社，1999）

Neumann, S. (1994), *Strategic Information Systems: Competition Through Information Technologies*, Macmillan.

日本生産性本部・日本電子計算開発協会共編（1968）『アメリカの MIS―訪米 MIS 調査団報告書』ペリカン社．

Normann, R. (1977), *Management for Growth*, Wiley.

O'Brien, J. A. (1995), *Introduction to Information Systems: An End User/ Enterprise Perspective*, Richard D. Irwin, Inc.

Pearlson, K. E. (2002), *Managing and Using Information Systems: A Strategic Approach*, John Wiley & Sons, Inc.

Porter, M. E. (1980), *Competitive Strategy: Techniques for Analyzing Industries and Competitors*, The Free Press.（土岐坤・中辻萬治・服部輝夫訳『競争の戦略』ダイヤモンド社，1982）

Porter, M. E. (1985), *Competitive Advantage*, The Free Press.（土岐坤・中辻萬治・服部照夫訳『競争優位の戦略―いかに高業績を持続させるか』ダイヤモンド社，1985）

Poter, M. E. and V. E. Millar (1985), "How Information Gives You Competitive Advantage," *Harvard Business Review*, July-August, pp. 149-160.

Quinn, J. B. (1978), "Strategic Change: 'Logical Incrementalism,'" *Sloan Management Review*, Fall, pp. 7-21.

Rockert, J. F. (1979), "Chief Executives Define Their Own Data," *Harvard Business Review*, Vol. 25, No. 2, pp. 81-93.

Selznick, P. (1957), *Leadership in Administration: A Sociological Interpretation*, Harper.（北野利信訳『組織とリーダーシップ』（経営名著シリーズ11），ダイヤモンド社，1975）

Shapiro, J. J. and S. K. Hughes (1996), Information Literacy as a Liberal Art : Enlightenment Proposals for a New Curriculum, *Educom Review*, Vol. 31, No. 2., http://net.educause.edu/apps/er/review/reviewArticles/31231.html.

島田達巳・遠山暁（2003），『情報技術と企業経営』（21世紀経営学シリーズ5），学文社．

秀和システム第一出版編集部編著（2006），『標準パソコン用語辞典』秀和システム．

Simon, H. A. (1957a), *Administrative Behavior: A Study of Decision-making Processes in Administrative Organizations*, The Macmillan Company.（松田武彦・高柳暁・二村敏子訳『経営行動』ダイヤモンド社，1971）

Simon, H. A. (1957b), *Models of Man*, John Wiley & Sons, Inc.（宮沢光一訳『人間行動のモデル』同文舘，1970）

Simon, H. A. (1977), *The New Science of Management Decision*, Prentice-Hall.

（稲葉元吉・倉井武夫訳『意思決定の科学』産業能率大学，1979）

Solow, R. M. (1987), "We'd Better Watch Out," New York Times Book Review.

Sprague, Jr., R. H. and B.C. McNurlin (1986), *Information Systems Management in Practice*, Prentice-Hall.

Strassmann, P. A. (1990), *The Business Value of Computers*, The Information Economics Press.（末松千尋訳『コンピュータの経営価値』日経BP出版センター，1994）

Tapscott, D. and A. Caston (1993), *Paradigm Shift: the new Promise of Information Technology*, McGraw-Hill, Inc.（野村総合研究所訳『情報技術革命とリエンジニアリング』野村総合研究所，1994）

Taylor, F. W. (1911), *The Principles of Scientific Management*, Harper & Brothers.（上野陽一訳編『科学的管理法』産業能率短期大学，1966）

遠山暁（1998），『現代　経営情報システムの研究』日科技連出版社．

遠山暁（2003），「情報技術と持続的競争優位の再検討」『経営学研究』（大阪市立大学）第52巻，第4号，pp. 25-41.

遠山暁（2007），「今後の情報経営研究と情報技術」『日本情報経営学会誌』第28巻，第1号，pp. 4-13.

Turban, E., E. McLean and J. Wetherbe (2002), *Information Technology for Management*, John Wiley & Sons, Inc.

Wang, R.Y. (1998), "A Product Perspective on Total Data Quality Management," Communications of the ACM, vol. 41, No. 2, pp. 58-65.

Wang, R. Y., E.M. Pierce, S. E. Madnick and C.W. Fisher eds. (2005), *Information Quality*, M. E. Sharpe, Inc.（関口恭毅監訳『情報品質管理―役立つ情報システムの成功要因』中央経済社，2008）

Wang, R. Y., Y. W. Lee, L. L. Pipino and D. M. Strong (1998), "Manage Your Information as a Product," *Sloan Management Review*, vol. 39, No. 4, pp. 95-105.

Wang, R. Y. and D. M. Strong (1996), "Beyond Accuracy: What Data Quality Means to Data Consumers," *Journal of Management Information Systems*, vol. 12, No. 4, pp. 5-34.

William, J. Kettinger, Varun Grover, Subashish Guha, Albert H. Segars (1994), "Strategic Information Systems Revisited: A Study in Sustainability and Performance," *MIS Quarterly*, vol. 18, No. 1, pp. 31-58.

Wiseman, C. (1988), *Strategic Information Systems*, Richard D. Irwin, Inc.（土屋守章・辻新六訳『戦略的情報システム』ダイヤモンド社，1989）

Wiseman, C. and I. MacMillan (1984), "Creating Competitive Weapons from Information Systems," *Journal of Business Strategy*, Fall, pp. 42-49.

八鍬幸信（1979），「管理理論における数理的モデルの展開―サイモンの初期の研究

を中心として」『経済学研究』(北海道大学), 第29巻, 第 1 号, pp. 309-329.
八鍬幸信 (1983),「MIS と DSS」山内昭編著『文科系のためのコンピュータ概論』白桃書房.
八鍬幸信 (2008),「情報品質評価の概念スキームと情報品質保証へのアプローチ」『日本情報経営学会誌』第28巻, 第 4 号.
八鍬幸信 (2008),「戦略情報システム実現のための創発的方法としての EUC」『経済学研究』(北海道大学), 第57巻, 第 4 号, pp. 1-11.
Zurkowski, P. (1979), *The Information services environment, relationship and priorities,* Washington D.C. : National Commission on Libraries and Information Science.

索引

あ 行

ITGI　136
アクセラレータ　145
新しい企業行動の理論　19
アメリカン航空　70
アメリカン・ホスピタル・サプライ社　70
アルゴリズム指向アプローチ　131
案件解消プロセス　143
アントレプレナー学派　54
意思決定科学　20
意思決定支援システム　1
意思決定理論　14
異質性　120
5つの競争要因モデル　57
イネブラー　65
インターネット　68,131
ウォーターフォール型　136
ウォーター・フォール・モデル　150
AIMQ　143
エグゼクティブ情報システム　3
SNS　131
SDLCアプローチ　149
EDPS　13
MIS視察団　23
MISブーム　24
エンドユーザ　104
エンドユーザ・コンピューティング　96
エンドユーザ・コンピューティング支援要員　105
エンドユーザ・プログラマ　105
エンバイロメント学派　55
オーダーエントリ・システム　72
オフィスオートメーション　3
オープン・コンピュータ・ネットワーク　131
オペレーショナル・コントロール　21

か 行

解析学的方法　19
開発バックログ　107
外部コンサルタントの立場　80
外部情報認知　123
価格戦略　59
科学的管理法　63
限られた合理性　15
革新戦略　75
可視的バックログ　107
価値　61
価値連鎖　61
　──の情報集中度　77
カルチャー学派　55
感度分析　29
企業行動理論　18
企業戦略　69
企業内経営情報教育　167
記述的アプローチ　55
稀少性　122
機能管理　155
技術管理　155
規範的アプローチ　55
業界分析　57
行政管理予算局　132
競争戦略理論　56
競争要因　57
切替コスト　79
クライアント・サーバー・システム　68
経営科学　18
経営管理システム　21
経営資源　154
経営視点の情報システム　40
経営情報教育　13,164
経営情報システム　1
経営情報システム概念の普遍化　33
経営人モデル　16
経営戦略の専門家　80
経営戦略理論　53
計画的アプローチ　117
経済価値　122
経済人モデル　16
継続的革新　123,124

ケイパビリティ　120
決定構造の有効性　123
言語学　19
現代管理論　14
交渉力　78
効率性　27, 157
合理性　170
コグニティブ学派　54
コストリーダーシップ戦略　59
固着性　120
COBIT4.0　136
コマンドレベル・エンドユーザ　105
コマンドレベル・ユーザ　105
ゴールシーキング分析　29
コンピュータ・サイエンス　19
コンピュータ座席予約システム　70
コンピュータ・プログラム　19
コンピュータ・リテラシ　94
コンフィギュレーション学派　55

さ　行

最適化原理　18
財務資本　121
差別化戦略　59
産業構造分析理論　53
産業組織論　56
CSF　66
支援活動　62
資源管理　155
試作品　151
システム監査基準　136
システム管理基準　136
システム設計者　41
JANコード　69
集中化戦略　59
柔軟性　152
重要成功要因　66
主活動　62
消費者行動理論　18
消費者発信型メディア　131
情報活動　15
情報活用　89
情報活用能力　90
情報管理　13

情報技術　1
　　──の専門家の視点　49
情報技術イネブラー　64
情報技術活用能力　90
情報技術教育　13
情報技術専門家　89
情報技術的アプローチ　133
情報技術てこ　64
情報技術利用モデル　2
情報資源管理　153
情報システム開発ライフサイクル　98
情報システム計画　69
情報システム専門家　50
情報集中度マトリックス　77
情報処理機能　13
情報処理要求　98
情報セキュリティ監査基準　136
情報セキュリティ管理基準　136
情報統括役員（CIO）　82, 154
情報ニーズ　98
情報品質　98, 127
情報要求　25
情報リテラシ　91
　　──を備えた人物　92
人材育成プログラム　162
人的資本　121
信頼性　152
心理学　19
スタンフォード・コンピュータ産業プロジェクト　123
成長戦略　75
制度的アプローチ　133
製品の情報集中度　77
設計活動　15
セーバー　70
選択活動　15
戦略スラスト　75
戦略的管理　155
戦略的計画　21
戦略的視点　53
戦略的情報システム　1
戦略的同盟　71
相対的効率性　78
創発的アプローチ　115, 117

組織　122
組織IQ　115
組織間効率性　79
組織資本　121
組織焦点　123
ソフトウェア危機　7

　　　　た　　行

代替的選択肢　16
達成水準　141
探索関連コスト　79
単純化の原理　43
知識情報システム　3
TQC　125
TQM　125
定型的業務　47
適合性焦点モデル　5
デザイン・スクール　53
データ管理　153
データ指向アプローチ　131
データ処理　22
電子的データ交換　68
同盟戦略　75
トライアングル・モデル　165
トランザクション・データ　36, 149
取引データ　36

　　　　な　　行

内部効率性　79
内部知識流通　123
内部統制　136
人間行動研究の方法論　19
人間行動モデル　16
認知能力　15
ノンプログラミング・エンドユーザ
　　105

　　　　は　　行

バイアス表示　72
パターン認識　19
発見的な問題解決プロセス　27
VARIOフレームワーク　121
パワー学派　55
半構造的意思決定問題　27

非可視的バックログ　107
非構造的意思決定問題　17
PCS　23
ビジネス・プロセス・リエンジニアリン
　グ　63
ビジネス・プロトコル　68
ビット　138
品質評価次元　141
物的資本　121
プランニング学派　54
ブログ　131
プログラマ　105
プログラマ35歳定年説　163
プログラム化しうる意思決定問題　17
プログラム化しえない意思決定問題　17
プログラム内蔵方式　6
プロトタイピング・アプローチ　149
プロトタイピング型　136
分散管理　155
包括的戦略　59
ポジショニング学派　54
ボトムアップ方式　47
ホメオスタシス　115
ホワット・イフ分析　29

　　　　ま　　行

マージン　62
マネジメント・コントロール　21
満足化原理　18
メニューレベル・エンドユーザ　105
モデル・ベース　37
模倣可能性　122
問題解決　15

　　　　や　　行

役割期待マトリックス　81
有効性　27, 157
ユニークな製品特性　79
要求水準　141
予約・発券業務　70

　　　　ら　　行

ラーニング学派　54
LAN　68

リソース・ベースト・ビュー　115
リベラルアート　94
良構造問題　18

利用者視点　4, 40
利用焦点モデル　4

著者紹介

八鍬　幸信（やくわ　ゆきのぶ）

　札幌大学経営学部　教授［博士（経営学）］

　経歴：1946年札幌市生まれ．1976年3月北海道大学大学院経済学研究科博士課程退学，1976年4月北海道大学経済学部助手，1980年4月専修大学経営学部講師，1983年4月札幌大学経営学部助教授などを経て，1986年4月より現職．2008年博士（経営学）号取得．現在，経営情報論，Webマーケティング，事業構想学，ビジネス・コミュニケーション論，情報セキュリティなどの講義を担当．

利用者指向に基づく経営情報論の再構築

2009年3月10日　第1版第1刷発行

著　者　八鍬　幸信
発行所　株式会社 学文社
発行者　田中千津子

〒153-0064　東京都目黒区下目黒3-6-1
Tel.03-3715-1501　Fax.03-3715-2012

ISBN 978-4-7620-1944-9

http://www.gakubunsha.com

© 2009 YAKUWA Yukinobu　Printed in Japan
乱丁・落丁本は，本社にてお取替致します．
定価は，カバー，売上カードに表示してあります．〈検印省略〉　印刷／東光整版印刷㈱